英検分野別ターゲット

文部科学省後援

英検1級
英作文
問題

旺文社

はじめに

英検1級の英作文問題（エッセー）の配点は，筆記試験の約35％（一次試験全体の約25％）を占めます。重要な分野であるにもかかわらず，英語でエッセーを書く機会がないために，「英作文の書き方がよくわからない」「英作文問題の点数がなかなか上がらない」という方も多いのではないでしょうか。そこで「英検分野別ターゲット」シリーズの1冊として，英作文に特化した「英検1級英作文問題」を新たに刊行することになりました。

本書には以下の特長があります。

●**英語のエッセーの書き方を基礎から学べる**
　エッセーの構成，パラグラフの書き方，エッセーを書く際の注意点などを詳しく解説。

●**練習問題と模擬テストで英検の英作文問題の対策ができる**
　オリジナル問題13問（解答例は「反対」「賛成」の2パターン）を収録。無料ダウンロード音声付き。

●**別冊「時事解説＆単語ブック」で頻出トピックを学習できる**
　英作文問題・二次試験に頻出の時事トピック30の解説と語彙・フレーズを掲載。無料ダウンロード音声付き。

本書をご活用いただき，英検1級に合格されることを心よりお祈りしております。

終わりに，本書を刊行するにあたり，多大なご尽力をいただきましたCEL英語ソリューションズ　田中亜由美先生（本冊），CNN放送通訳者　柴原早苗先生（別冊 解説と語彙・フレーズ），早稲田大学 Adrian Pinnington先生（本冊・別冊）に深く感謝の意を表します。

旺文社

もくじ

はじめに

本書の利用法 6

ダウンロード音声と特典について 8

● Chapter 1　ウォーミングアップ

1 英検1級英作文問題とは？ 10

2 エッセーの構成を知ろう 17

3 エッセーを書き始める前の準備 23

4 エッセーを書く　〜パラグラフの作り方〜 31

5 エッセーを書く上での注意点 40

6 エッセーでよく使う表現 45

● Chapter 2　練習問題

Unit 1　社　会　Does increasing longevity have a beneficial effect on society? 48

Unit 2　教　育　Agree or disagree: Sports are essential to the healthy development of children 54

Unit 3　サイエンス　Agree or disagree: Future generations will become more dependent on robots 60

Unit 4　国　際　Agree or disagree: Food shortages will be eliminated in the future 66

Unit 5　環　境　Does the world need to promote the use of renewable energy? 72

Unit 6	医療	Agree or disagree: Governments should spend more money on research in the field of regenerative medicine	78
Unit 7	国際	Will the world become more peaceful in the future?	84
Unit 8	政治	Agree or disagree: Electronic voting should be promoted	90
Unit 9	ビジネス	Agree or disagree: Outsourcing contributes to the sustained development of the global economy	96
Unit 10	環境	Should more be done to protect against natural disaster?	102

● Chapter 3　模擬テスト

模擬1	社会	Agree or disagree: Women's social advancement leads to economic growth	110
模擬2	国際	Do the benefits of designation as a World Heritage Site outweigh the disadvantages?	116
模擬3	サイエンス	Does technology have a positive effect on environmental conservation?	122

コラム	アイデアの引き出しを増やす！学習アドバイス …… 128

執筆：田中亜由美（CEL英語ソリューションズ），
　　　Adrian Pinnington（早稲田大学）
編集：九内麻妃，新元　環
編集協力：斉藤　敦，鹿島由紀子，津吉　襄，Michael Joyce
本文デザイン：牧野剛士
装丁デザイン：及川真咲デザイン事務所（浅海新菜）
イラスト：石川恭子
録音：有限会社スタジオ ユニバーサル
ナレーション：Bill Benfield, Julia Yermakov

本書の利用法

● Chapter 1　ウォーミングアップ

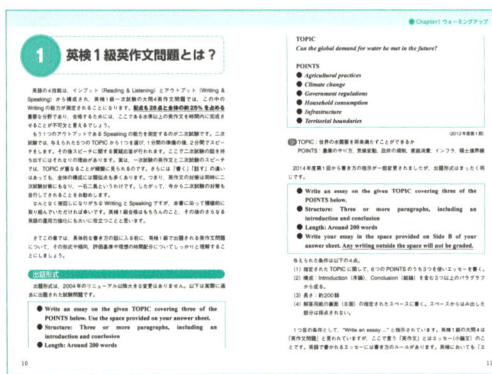

英語のエッセーの構成や書き方などを詳しく解説しています。問題に取り組む前に，ライティングの基礎をしっかり身に付けましょう。

● Chapter 2　練習問題／Chapter 3　模擬テスト

オリジナル問題に挑戦して，英作文問題の対策をしましょう。
Chapter 2は10問，Chapter 3は3問収録しています。
Chapter 2, 3の各問題は以下の6ページ構成です。
「問題 ⇒ 解答欄 ⇒ 解答例A ⇒ 訳と解説 ⇒ 解答例B ⇒ 訳と解説」

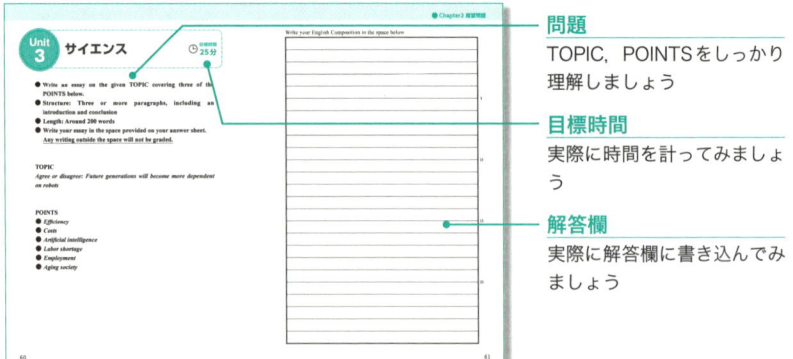

問題
TOPIC，POINTSをしっかり理解しましょう

目標時間
実際に時間を計ってみましょう

解答欄
実際に解答欄に書き込んでみましょう

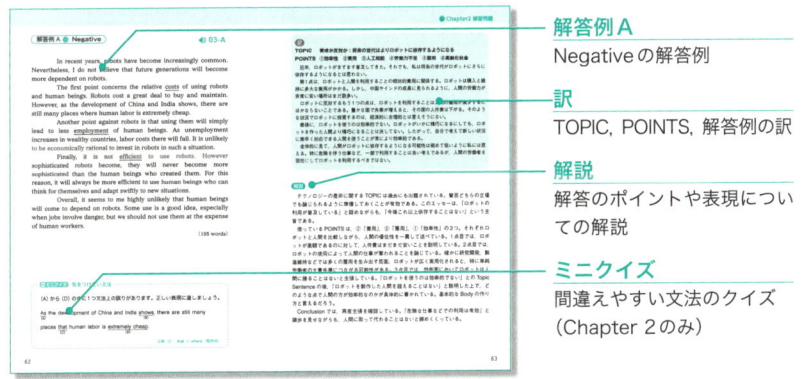

解答例A
Negativeの解答例

訳
TOPIC, POINTS, 解答例の訳

解説
解答のポイントや表現についての解説

ミニクイズ
間違えやすい文法のクイズ（Chapter 2のみ）

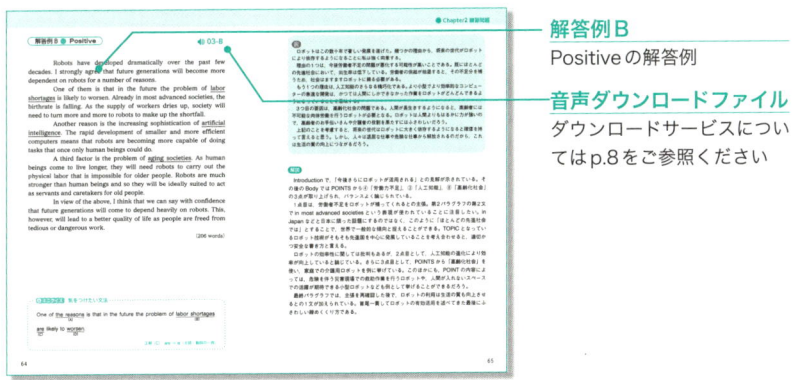

解答例B
Positiveの解答例

音声ダウンロードファイル
ダウンロードサービスについてはp.8をご参照ください

● 別冊「時事解説＆単語ブック」

英作文問題・二次試験に頻出の時事トピック30の解説と語彙・フレーズを掲載しています。（利用法は別冊をご参照ください）

ダウンロード音声と特典について

本書に掲載されている 🔊 の音声を無料でダウンロードできます。
また，プリントして使える「解答用紙」も特典としてダウンロードできます。

音声（MP3ファイル）

1 Chapter 2（練習問題）：解答例A／解答例B

2 Chapter 3（模擬テスト）：解答例A／解答例B

3 別冊：ダイアローグ

解答用紙（PDFファイル）

● ダウンロード方法

1 パソコンからインターネットで専用サイトにアクセス
下記のURLを入力してアクセスしてください。
（※検索エンジンの「検索」欄は不可。また，スマートフォンからはダウンロードできません）

http://www.obunsha.co.jp/service/eisakubun/

2 パスワードを入力
画面の指示に従い，下記のパスワードを入力して「ログイン」ボタンをクリックしてください。
パスワード：**essay1q** （※すべて半角アルファベット小文字）

3 ファイルを選択して，ダウンロード
各ファイルの「ダウンロード」ボタンをクリックし，ダウンロードしてください。（※詳細は実際のサイト上の説明をご参照ください）

4 音声ファイルを解凍して，オーディオプレーヤーで再生
音声ファイルはZIP形式にまとめられた形でダウンロードされます。解凍後，デジタルオーディオプレーヤーなどでご活用ください。（※デジタルオーディオプレーヤーへの音声ファイル転送方法は，各製品の取扱説明書やヘルプをご参照ください）

注意
▶ 音声はMP3ファイル形式となっています。音声の再生にはMP3を再生できる機器などが別途必要です。
▶ ご使用機器，音声再生ソフト等に関する技術的なご質問は，ハードメーカーもしくはソフトメーカーにお願いいたします。
▶ 本サービスは予告なく終了されることがあります。

Chapter 1
ウォーミングアップ

1 英検1級英作文問題とは？
2 エッセーの構成を知ろう
3 エッセーを書き始める前の準備
4 エッセーを書く
　〜パラグラフの作り方〜
5 エッセーを書く上での注意点
6 エッセーでよく使う表現

1 英検1級英作文問題とは？

　英語の4技能は，インプット（Reading & Listening）とアウトプット（Writing & Speaking）から構成され，英検1級一次試験の大問4英作文問題では，この中のWritingの能力が測定されることになります。**配点も28点と全体の約25％を占める**重要な分野であり，合格するためには，ここである水準以上の英作文を時間内に完成させることが不可欠と言えるでしょう。

　もう1つのアウトプットであるSpeakingの能力を測定するのが二次試験です。二次試験では，与えられた5つのTOPICから1つを選び，1分間の準備の後，2分間でスピーチをします。その後スピーチに関する質疑応答が行われます。ここで二次試験の話を持ち出すにはそれなりの理由があります。実は，一次試験の英作文と二次試験のスピーチでは，TOPICが重なることが頻繁に見られるのです。さらには「書く」「話す」の違いはあっても，全体の構成には類似点も多くあります。つまり，英作文の対策は同時に二次試験対策にもなり，一石二鳥というわけです。したがって，今から二次試験の対策も並行してされることをお勧めします。

　なんとなく後回しになりがちなWritingとSpeakingですが，本書に沿って積極的に取り組んでいただければ幸いです。英検1級合格はもちろんのこと，その後のさらなる英語の運用力強化にも大いに役立つことと思います。

　さてこの章では，具体的な書き方の話に入る前に，英検1級で出題される英作文問題について，その形式や傾向，評価基準や理想の時間配分についてしっかりと理解することにしましょう。

出題形式

　出題形式は，2004年のリニューアル以降大きな変更はありません。以下は実際に過去に出題された試験問題です。

- Write an essay on the given TOPIC covering three of the POINTS below. Use the space provided on your answer sheet.
- Structure: Three or more paragraphs, including an introduction and conclusion
- Length: Around 200 words

> **TOPIC**
> *Can the global demand for water be met in the future?*
>
> **POINTS**
> - *Agricultural practices*
> - *Climate change*
> - *Government regulations*
> - *Household consumption*
> - *Infrastructure*
> - *Territorial boundaries*

(2012年度第1回)

訳 TOPIC：世界の水需要を将来満たすことができるか
POINTS：農業のやり方，気候変動，政府の規制，家庭消費，インフラ，領土境界線

2014年度第1回から書き方の指示が一部変更されましたが，出題形式はまったく同じです。

> - Write an essay on the given TOPIC covering three of the POINTS below.
> - Structure: Three or more paragraphs, including an introduction and conclusion
> - Length: Around 200 words
> - Write your essay in the space provided on Side B of your answer sheet. <u>Any writing outside the space will not be graded.</u>

与えられた条件は以下の4点。
(1) 指定されたTOPICに関して，6つのPOINTSのうち3つを使いエッセーを書く。
(2) 構成：Introduction（序論），Conclusion（結論）を含む3つ以上のパラグラフから成る。
(3) 長さ：約200語
(4) 解答用紙の裏面（B面）の指定されたスペースに書く。スペースからはみ出した部分は採点されない。

1つ目の条件として，"Write an essay ..."と指示されています。英検1級の大問4は「英作文問題」と言われていますが，ここで言う「英作文」とはエッセー（小論文）のことです。英語で書かれるエッセーには書き方のルールがあります。英検においても「エ

ッセーを書きなさい」と指示されているからには，そのルールに従って書くことが条件となるわけです。

　与えられる条件はこの4点ですが，今後も出題形式に変化はないと思われますので，対策はしやすいと言えるでしょう。以下は受験者からよく寄せられる質問です。これらにお答えすることにより，出題形式に関する理解が深まり，不安材料もなくなるのではないかと思います。

英検1級英作文問題 Q & A

Q1 POINTS は3つしか使ってはいけないのですか？

　与えられた6つのPOINTSのうち，最低3つを使うことが条件だと考えてください。4つ以上のPOINTSを使うことも可能ですが，4つ以上使っても加点にも減点にもなりません。あくまで最低3つのPOINTSが論旨に沿った適切な使われ方をされているかどうかが評価の対象になります。

Q2 POINTS の表現をそのまま使う必要がありますか？

　POINTSは主張の裏付けのためのヒントが与えられている，と考えましょう。限られた制限時間内に3点を挙げるのは大変ですので，受験者にアイデアを提供してくれているわけです。ですからPOINTSの内容が含まれていればよく，必ずしも**そのままの表現を使って書く必要はありません**。例えば，POINTSの語の品詞を変えたり，内容が同じであればほかの表現に置き換えて論じたりすることも可能です。文脈に沿った，文章を作りやすい形で使うとよいでしょう。

> POINTS の書き換え例
> Agricultural practices（農業のやり方）⇒ Farming methods（農法）
> Government regulations（政府の規制）⇒ Laws（法律）
> Household consumption（家庭消費）⇒ Consumers（消費者）

Q3 パラグラフは3つ以上なら幾つでもよいのですか？

　与えられた指示からすると，3つ以上でしたら幾つでも構いません。ただ，約200語という長さの制限もありますので，あまり多くのパラグラフを作ることは事実上不可能です。Introduction（序論），Conclusion（結論）のほかには，使用する3つのPOINTSを1つずつのパラグラフで述べ，**全部で5つのパラグラフ構成**にするのがお勧めです。特に最初はこの形で練習して，パラグラフの作り方に慣れていくとよいでしょう。

● Chapter1 ウォーミングアップ

約200語というのはどのくらいの範囲を指すのですか？

　200語というのは目安ですので，必ずしも語数を数える必要はありません。ただし，解答用紙の枠からはみ出した部分は採点されないことが，2014年度から指示文に明記されています。人によって字の大きさは違いますが，罫線の引かれた枠内に収まるように書くと，だいたい **180〜210語** の範囲に収まるはずです。200語に達していなくても，180語以上書けていれば減点対象にはならないでしょう。かえってあまり多く書いてしまうとダラダラとした印象になりがちで，間違いも増える可能性がありますからあまり感心しません。

　解答用紙には罫線が引かれており，全部で25行あります。**1行に8語** の割合で書いていくと枠内で200語になることを目安として覚えておきましょう。普段キーボードに慣れていると，試験でいきなり手書きで書くことに戸惑うかもしれません。エッセーは必ず事前に手で書いて練習してください。本書の練習問題・模擬テストも実際に手を動かして書きながら，1行につき約8語を意識して本番での解答をイメージしましょう。

出題傾向

　近年出題されている TOPIC は，**Yes/No Question タイプ** と **Agree/Disagree のどちらかを選ばせるタイプ** に大きく分かれます。以下，2011年度以降に出題された TOPIC です。

Agree or disagree: A college education is necessary for everyone
　　　　　　　　　　　　　　　　　　　　　　　　　　　　　（2011年度第1回）
Is too much emphasis put on work in modern society?　（2011年度第2回）
Agree or disagree: World poverty can be eliminated　（2011年度第3回）
Can the global demand for water be met in the future?　（2012年度第1回）
Agree or disagree: Space exploration should be continued　（2012年度第2回）
Does more need to be done to address Japan's low birthrate?
　　　　　　　　　　　　　　　　　　　　　　　　　　　　　（2012年度第3回）
Do multinational corporations play a positive role in today's world?
　　　　　　　　　　　　　　　　　　　　　　　　　　　　　（2013年度第1回）
Should minors who commit serious crimes receive the same punishments as adults?　　　　　　　　　　　　　　　　　　　（2013年度第2回）
Does the mass media have a beneficial effect on society?　（2013年度第3回）

　どちらのタイプであっても，Yes/No または Agree/Disagree どちらかの立場を決めて論じることが求められます。また，Yes/No タイプの変形として，Do the benefits of ... outweigh the disadvantages? のような TOPIC が出題されることもあります。「〜のメリットはデメリットを上回るか」と問われていますので，メリットとデメリットを比較対照しながら，どちらの方が重要なのかを論じることになります。

英検1級の英作文問題の TOPIC は常に実際に社会が直面している大きなテーマから取り上げられます。**社会，政治，経済，ビジネス，国際関係**などの分野はもちろん，**サイエンス，テクノロジー，環境，健康，医療**の分野からの出題が多く，読解問題やリスニングでの出題と重なる部分もあります。日ごろから新聞・雑誌などを通じて情報をインプットし，Yes/No，Agree/Disagree のどちらの立場からも意見を表現できるようにしておくことが対策として有効です。

評価基準

英作文問題の配点は28点ですが，複数の採点者が総合的に評価した得点の平均点が最終的な受験者の得点となります。細かい評価基準は公表されていませんが，一般的なエッセーの評価は以下のような観点から行われるので，英検1級も例外ではないと推測できます。

評価内容は，大きく**(1) 全体の構成，(2) 英作文力**に分けられると考えられます。ただし，あくまで全体的なバランスからの評価なので，1人の受験者の「全体の構成」と「英作文力」の得点に極端な差があることは考えにくく，採点者は全体的な評価として点数をつけるものと思われます。

では，それぞれの評価内容について詳しく見ていきましょう。

(1) 全体の構成

もともと英語のエッセーの書き方には型があり，それが英検1級の英作文問題解答の際の条件になっています。また，書く際の指示にきちんと従っているのかも当然評価の対象になります。評価ポイントは以下のとおりです。

> a．TOPIC が正しく理解され，それに沿った内容になっているか。
> b．POINTS のうち3つが適切に使われているか。
> c．Introduction，Body，Conclusion を含め，3つ以上のパラグラフから構成されているか。
> d．約200語の長さがあるか。
> e．一貫性があり，明確な論理展開（明確な主張とその裏付けの提示）になっているか。

TOPIC に沿った内容であることは重要です。いくら素晴らしい英文が並んでいたとしても，TOPIC からずれた内容であれば点数にはなりません。POINTS も3つが使われていればよいということではなく，TOPIC に関する主張（Yes/No, Agree/Disagree）の裏付けとして適切に使われていることが絶対条件になります。パラグラフについては前述のとおり，5つのパラグラフ構成を基本としますが，これもインデントしてあればよいというものではなく，Introduction, Body, Conclusion のそれぞれがその役割を適切に果たし，採点者が納得できる一貫性のある論理的な主張がなされているかどうかが問われます。語数制限については前述のとおりです。180語以上あり必要な内容を満たしていれば，減点されることはありません。

(2) 英作文力

英文作成能力と言ってもよいかもしれません。ただし，コンテクストのあるまとまったエッセーである限りは，1つの文だけでなく，文と文のつながりやパラグラフ同士のつながりも評価ポイントとなることにも留意しましょう。

---

a．文やパラグラフのつながりが自然であるか。
b．内容が明確に伝わっているか。
c．エッセーとして適切なスタイルの文体か。同じ単語が何度も使われていないか。
d．適切な語彙が正しい語法で使われているか。
e．文法的に正しい文が書けているか。
f．スペリング・パンクチュエーションは適切か。

語彙・文法に関しては，減点方式でなく全体の印象から判断されると考えられます。したがって，過度に神経質になる必要はありません。細かい個所を気にするよりも，内容や全体の流れに気を配った方が全体の印象はよくなり，高得点につながることでしょう。

時間配分

英作文問題以外の語彙問題，空所補充問題，内容一致問題にどれだけの時間を費やすかにもよりますが，英作文問題はぜひ**25分以内**でまとめたいところです。日ごろから25分を目安に，時間を計って練習するとよいでしょう。

25分と言っても，いきなり書き始めることはできません。**「事前準備」→「英作文作成」→「見直し」**のプロセス全体で25分です。それぞれのおおよその時間配分は以下を参考にしてください。

(1) 事前準備（約5分）

　TOPIC と POINTS の内容を把握し，どの POINTS が使えそうかを考えながら自らの立場(Yes/No, Agree/Disagree)を決めます。さらに3つの POINTS を Body (本論)でどのように展開するのかを，メモを取りながら大まかに考えます。実はここが非常に重要です！　おろそかにすると失敗につながります。

⇒詳しくは❸エッセーを書き始める前の準備

(2) 英作文作成（約18分）

　メモに基づいて Introduction, Body, Conclusion の順にパラグラフを作成します。特に Body は POINTS を使いつつ，それぞれの POINT が TOPIC からずれていないか，パラグラフ同士の間で論旨が論理的に展開されているかにも気を配ります。また，Conclusion が Introduction と矛盾していないかも要注意です。

⇒詳しくは❹エッセーを書く　～パラグラフの作り方～

(3) 見直し（約2分）

　パラグラフの冒頭が適切にインデントされているか，文法上の間違い（主語と動詞の一致，3単現の -s など）やスペルミスがないかを最終的にチェックします。ケアレスミスをしないためにも，見直しは必ず必要です。

　これで英検1級の英作文問題の概要は理解できたのではないでしょうか？　あとは実際に書いて練習していくわけですが，その前に，英検1級で求められている「エッセー」とはどのようなものなのかを次の章で考えていくことにしましょう。

2 エッセーの構成を知ろう

　英検1級の英作文問題では，英語でエッセー（小論文）を書くことが求められます。英作文というと，よく英語の試験にあるように日本語を英語に訳したり，日記のように経験したことを自由に記録に残したりするようなイメージがあるかもしれませんが，これらはエッセーとは言えません。エッセーを書く目的はあくまで**自身の考えや主張を読み手に伝えること**だと，まずはしっかり頭に入れておきましょう。

　日本の学校教育においては，英語でエッセーを書く機会があまりなく，そもそもその形式を学ぶ機会も少ないかもしれません。一方英語圏では，当然のように子供のころからエッセーの書き方を学び，その形式に従って書くように指導されます。つまり，英語圏の人たちには「エッセーはこのように書く」という共通の認識があるわけです。では，その形式から外れた書き方をされたエッセーはどのように評価されるでしょうか？　まず，ネイティブスピーカーにとっては非常に読みにくいと感じられるでしょう。そして内容も伝わりにくく，説得力のある文章だとは言い難いと思われます。それほどにエッセーの書き方は標準化されているのです。

　慣れないうちは難しそうに感じるエッセーですが，形式が明確に決まっているということは，その形式さえマスターしてしまえば書きやすいとも言えます。与えられたTOPICが何であれ，決められた形式に当てはめて書いていくことが可能になります。ここではまず，日本語の文章との違いを押さえながら，英語のエッセーの書き方についての理解を深めていくことにしましょう。

パラグラフとは？

　パラグラフ（paragraph）は通常「段落」と訳されます。日本語で対応する単語となると確かに「段落」が近いのですが，だからといって，「パラグラフ」＝「段落」とは言えません。優れた英語のエッセーを書くためには，この違いを理解し，正しいパラグラフの作り方をマスターすることが不可欠です。

　まずは，日本語で文章を書く際の「段落」について考えてみましょう。例えば，修学旅行について作文を書くとき，または読書感想文を書くとき，どのように段落を作るでしょうか？　多くの人は，時間の経過や場面の転換などで段落を変える傾向があります。

よく会話で「この仕事が一段落ついたら」などと表現しますが、この「段落」は「区切り」の意味です。日本語の文章での段落は、「区切り」の意味合いが強いと言えます。それに対して、英語のパラグラフはどちらかというと内容重視です。paragraph を辞書で引いてみると、次のように定義づけられています。

paragraph = a distinct section of a piece of writing, usually dealing with a single theme and indicated by a new line, indentation, or numbering

（出典：*Oxford Dictionary of English, second edition*）

　重要なのは、usually dealing with a single theme の部分です。1つのパラグラフには通常1つのテーマがあります。言い換えると、**1つのテーマについてまとまった考えを述べた複数の文の固まりをパラグラフと呼ぶ**のです。

　英検1級の英作文問題で書くエッセーは、「Introduction（序論）, Conclusion（結論）を含む3つ以上のパラグラフから成る」ことが構成上の条件となっています。Introduction と Conclusion を除いた Body（本論）では、特にパラグラフの作り方に気を付ける必要があります。原則として、1つのパラグラフでは1つのテーマについて論じます。1つのパラグラフが終わり、行が変わりインデント（字下がり）されていることで、読み手は「次のテーマに移るのだ」との認識で読み進めます。書き手と読み手が認識を共有する上でも、パラグラフを正しく作ることは重要だと言えます。

エッセーの書き方の基本

　1つのテーマについてまとまった考えを述べた複数の文の固まりが**パラグラフ**であるのに対して、1つのトピックについて、複数のパラグラフが論理的に並べられた大きなまとまりが**エッセー（小論文）**です。英検1級の英作文問題でもこの形式のエッセーを書くわけですが、日本語式の書き方とは根本的に異なると思ってください。

　日本語の文章では、「起承転結」に代表されるように、しばしば結論が最後に来ます。「最初に話の切っ掛けを作り、その後それを受けて話題を広げる。次に変化を与えて発展させた後に、最後に結論で全体を締めくくる」という書き方に慣れているかもしれません。子供のころからこのような文章を読み慣れている、あるいは書き慣れている私たちにとってはこれが自然で落ち着くのですが、英語では決して受け入れられません。

　ここで、少し寄り道をして英検準1級の英作文問題を例に考えてみることにしましょう。実は準1級の英作文は、1級のエッセーを書く上で大きなヒントを与えてくれるのです。

● Chapter1 ウォーミングアップ

E-MAIL

Dear Tomoki,

I hope you're well.

I read an interesting article in a technology magazine yesterday. It said that thanks to the Internet, more company employees will work from home in the future. Do you think that this is a good idea? — 質問1

The magazine also had an advertisement for an electric car. Do you think that such cars will become more popular? — 質問2

By the way, I heard that many Japanese people spend their vacations abroad these days. What do you think is the reason for this? — 質問3

I look forward to hearing from you.

Matthew

（2013年度第3回）

　準1級では，以上のような3つの質問を含むEメールに対する返信メールを作成します。構成は，(1) 前書き，(2) 本文（＝質問に対する3つの回答），(3) 結びの言葉です。では，解答例を見てみましょう。

Dear Matthew,

前書き
Great to hear from you!

質問1の回答
I think that working from home can be a good thing because people don't have to waste time commuting to the office. Staying at home also means people can relax more, which is good for their health.

質問2の回答
Regarding the second question, electric cars will become more popular. Not only are such cars becoming cheaper to buy, they are also better for the environment than regular cars.

質問3の回答
As for spending vacations abroad, I think that Japanese people have become more interested in experiencing other cultures, and flights are easy to book online these days.

> **結びの言葉**
> I hope my answers helped.

　1つ目の質問は「在宅勤務を良いアイデアだと思うか？」です。問われているのは在宅勤務に対する見解（賛成か反対か？）ですが，それだけではなく必ず裏付けが必要です。**賛成か反対かという自らの立場（＝主張）を明らかにし，その後にその裏付けを続けるのが英語的な書き方**です。ところが同じ内容でも，日本語的な書き方に従って英文を書くと少し印象が変わります。以下の2つを比較してみましょう。

【A】**結論** ⇒ 理由

> I think that working from home can be a good thing because people don't have to waste time commuting to the office. Staying at home also means people can relax more, which is good for their health.

【B】理由 ⇒ **結論**

> If people work from home, they don't have to waste time commuting to the office. Staying at home also means people can relax more, which is good for their health. Therefore, I think that working from home can be a good thing.

　英語は大切なこと（＝結論）を先に述べる言語だとの認識を持ってください。相手に論理的に伝えるためには，先に結論を述べて，理由や説明を後に続ける方が読み手にとってもわかりやすく，説得する上で効果的です。

　ここでは準1級の問題を例に挙げましたが，同じことが1級のエッセーを書く際にも言えます。上の【A】のように**「結論 ⇒ 理由」の要領で書く練習を徹底的にする**ことがエッセー上達のコツでもあります。もちろん【B】の形式でも内容は伝わりますが，エッセーではこのような書き方はしません。途中まで読んで結論を予想できるとはいえ，最後まで結論が出てこないのでは読み手をイライラさせてしまいそうです。

エッセーの組み立て方

　パラグラフとはどのようなものか，さらにはエッセーの書き方の基本を理解していただいたところで，英検1級で書くエッセーの構成について考えていくことにしましょう。以下，p.10〜11の解答例です。

Chapter1 ウォーミングアップ

● **Can the global demand for water be met in the future?**
Agricultural practices / Climate change / Government regulations / Household consumption / Infrastructure / Territorial boundaries

（2012年度第1回）

Introduction
While the issue of water is perhaps one of the most critical of our time, I believe that future demand can be met if action is taken in the following three areas.

→ 書き手の主張（＝エッセーの結論）

Body 1
Government regulations are essential. This means not simply having strict regulations about the use of water resources, but also ensuring they are adhered to. For too long, large corporations have been wasting and polluting water, and been given free rein to do so in the name of economic development. That must stop, and lawbreakers must be severely punished.

→ 1つ目のPOINT: Government regulations

Body 2
Secondly, meeting demand requires a change in the mindset of consumers, especially those in developed nations, who often take water for granted. They leave taps running, and use too much water when bathing. Only a greater awareness of the need for conservation can help make them change their ways.

→ 2つ目のPOINT: Household consumption の内容を踏まえて、consumers に言い換えている。

Body 3
Finally, infrastructure needs attention. In developed countries, this may simply mean maintenance of the current water networks. In developing nations, however, it may mean the wholesale development of efficient agricultural irrigation systems and desalination plants to supply the needs of growing populations.

→ 3つ目のPOINT: Infrastructure

Conclusion
Some people believe water will be the cause of a major conflict in the future. Meeting future water demand is something we must deal with if we are to prevent such a catastrophe.

→ 上述の3点に取り組めば、将来の水需要を満たすことができる、と主張を再確認したまとめ。

このように，エッセーの構成は常に「**Introduction（序論）⇒ Body（本論）⇒ Conclusion（結論）**」となります。前述のとおり英語では，伝えたい重要なことを先に言及し，その後に説明を加える，「結論 ⇒ 理由」の順に書かれます。つまり，**Introductionで結論を述べた上で，Bodyでその裏付けをします**。解答例では3つのパラグラフがBodyに充てられていますが，この書き方が英検1級のエッセーでは書きやすいでしょう。与えられたPOINTSのうち3つを使うため，それぞれのPOINTにつき1つのパラグラフを作ると，前述のパラグラフの定義「1つのテーマについてまとまった考えを述べた複数の文の固まり」にも合致します。POINTSから自身の見解を裏付けるものを選び出し，3つのパラグラフにするのです。

　Introduction（序論）で既に結論が述べられているのであれば，最後のConclusion（結論）が不要なのではと思われるかもしれません。ただし，**エッセーでは必ず最後のパラグラフで再び結論を述べて締めくくる必要があります**。読み手も既に書き手の主張はわかっているのですが，Bodyでその裏付けをした後に結論を再度まとめて締めくくることによって，より説得力のあるエッセーとして完成されるのです。

【英検1級のエッセー構成】

　本書においても，すべての解答例がこのパターンで書かれています。どのようなTOPICが出題されても，またYes/No, Agree/Disagreeどちらの立場においても，この形式で論理的なエッセーを時間内に作成できるように練習しましょう。

Chapter1 ウォーミングアップ

③ エッセーを書き始める前の準備

　ここからは，実際に英検1級を受験しエッセーを書くことを想定した話になります。問題冊子の大問4を開き，エッセーの TOPIC と POINTS が目の前にあるとしましょう。まず何をしたらよいのでしょうか？　あまり時間がないからといって，焦っていきなり書き始めるのは絶対によくありません。途中で思うような論旨展開ができなくなり，結局は消しゴムで消して書き直すといったことがよくあるものです。**書き始める前に，必ず5分程度は作成準備の時間に充てましょう**。面倒な遠回りのようにも思えますが，十分に準備をしておくことでその後のプロセスがスムーズに進み，結局は時間節約にもなるのです。当然出来上がったエッセーの評価も高くなることでしょう。

　この章では，高得点につながるエッセーを書くための不可欠な事前準備としてどのようなことが必要なのか，その手順や注意点について考えていくことにしましょう。

TOPIC の理解

　まずは TOPIC を読みます。Yes/No Question のタイプ，または Agree/Disagree のどちらかを選ばせるタイプに大きく分かれます。いずれにしても，慌てることなく落ち着いて読みましょう。エッセーでは最後まで TOPIC に沿った議論を展開する必要がありますので，TOPIC の正確な理解は重要です。

　過去に出題された TOPIC を例に，注意点を挙げてみます。試験本番となると，意外な思い違いや読み落としをしてしまうものです。

● **Agree or disagree: A college education is necessary for everyone**

（2011年度第1回）

訳　賛成か反対か：大学教育はすべての人に必要である

注意点
"for everyone" を見落としてはいけない。単に「大学教育は必要か？」ではなく，「全員に必要なのか？」が問われている。したがって，Agree の立場を取るのであれば，「全員に必要である」理由を論じることになり，Disagree であれば，「必要な人もいるが，全員に必要とは言えない」との見解が可能になる。

23

● **Is too much emphasis put on work in modern society?** 　（2011年度第2回）

訳 現代社会において，仕事が重視され過ぎているか

注意点

この TOPIC でも "too much" の読み飛ばしに気を付ける必要がある。単に「仕事が重視されているか？」を問われているのではない。また，「仕事が重視されるべきか？」などに取り違えてしまうと，エッセーの方向性を誤ってしまう。

● **Agree or disagree: World poverty can be eliminated** 　（2011年度第3回）

訳 賛成か反対か：世界の貧困は撲滅することができる

注意点

"can be eliminated" であって "should be eliminated" ではない。したがって，Agree の立場を取るのであれば，「いかに撲滅できるのか」を論じ，Disagree であれば，「なぜ撲滅できないのか」を POINTS を使って説明することになる。

● **Does more need to be done to address Japan's low birthrate?**
（2012年度第3回）

訳 日本の低出生率に取り組むため，もっと多くのことをする必要があるか

注意点

"address" の意味を誤って理解してしまった方もいるだろう。ここでは「（問題など）に取り組む」の意味で使われている。また，この TOPIC では日本の事情に限定されていることにも注意。

● **Should minors who commit serious crimes receive the same punishments as adults?**
（2013年度第2回）

訳 重罪を犯す未成年者は大人と同じ刑罰を受けるべきか

注意点

"minors" がポイントだが，慌てると "minority" に見えてしまうかもしれない。TOPIC を正確に理解するためには，1つずつの単語にも気を配る必要がある。

　以上のような点に注意しながら TOPIC を最低2回は読み直し，その内容を把握しましょう。

結論の決め方

　与えられた TOPIC を見て，すぐに Yes/No または Agree/Disagree のどちらの立場を取るのか決めるのは良い作戦とは言えません。TOPIC を把握した後，すぐに6つの POINTS を確認しましょう。これらを正しく理解した上で，どの3つを使うと最も効果的に Yes/No, Agree/Disagree の裏付けができるのかを検討します。どちらの立場を取るのかを先に決めて Introduction を書いてしまうと，その後に「さて，どの POINTS を使ったらよいのだろう？」と困ってしまう状況になりかねません。

　一般的にエッセーにおいては，Introduction で結論を述べ，その後の Body で裏付けを続けるのですが，事前準備ではその順番が逆になると考えてください。英検1級の英作文問題では，使うべき POINTS を6つの中から3つ選ぶよう指定されているため，使う POINTS を決めてから結論を決める方がスムーズにエッセーを組み立てられるはずです。

【エッセーを書く前の事前準備】

> 【×】 Yes/No または Agree/Disagree の立場を決定した後に POINTS を選ぶ。
> 【○】 POINTS を決めてから，Yes/No または Agree/Disagree の立場を決定する。

　中には，どうしても先に結論を決めてしまう方もいらっしゃいます。自身の確固たる考えがあるため，それを曲げることはできないようです。もちろんその論旨に合うよう，うまく Body を作れるような POINTS が見つかれば問題ありません。ただしリスクを伴うことは間違いありません。

　極端なことを言ってしまえば，Yes/No, Agree/Disagree はどちらでも構いません。自分の考えと異なっていても一向に構わないのです。採点には何の影響もありません。採点者が注目するのは，どちらの立場を取っているかなどではなく，その意見をどれだけの説得力を持って論理的に読み手に対してその主張を説明できるか？，納得させられるか？　ということなのです。

POINTS の選び方

6つの POINTS の中から使いやすい3つを選び，Yes/No，Agree/Disagree の立場を決定するわけですが，ここでは「使いやすい3つの POINTS」とはどのようなものなのかを考えることにしましょう。

まずは6つの POINTS の1つずつの意味を落ち着いて理解しましょう。TOPIC を読むときと同じで，慌てると易しい単語でも読み間違えたり，意味を取り違えたりすることがあり，それが致命傷になることもあります。

次に6つの POINTS がどのように使えるのかを考えます。ここがエッセーの優劣を大きく左右する重要な点となります。過去に出題された TOPIC とその POINTS を例に考えてみましょう。この段階では，日本語で発想した方が考えをまとめやすいでしょう。以下に挙げた TOPIC について，それぞれの POINTS を Yes/Agree または No/Disagree の観点でどのように使えるのか，簡単に表に書き入れてみましょう。思い付かない場合は空欄のままでも構いません。

● **Agree or disagree: Space exploration should be continued**

（2012年度第2回）

	Agree	Disagree
Dangers		
Expense		
International cooperation		
National pride		
Scientific research		
Space colonization		

Chapter1 ウォーミングアップ

● Should minors who commit serious crimes receive the same punishments as adults?

(2013年度第2回)

	Yes	No
Financial costs		
Justice		
Mental maturity		
Prison life		
Public safety		
Schooling		

　いかがでしょうか？　実際の試験でエッセーを作成する際には短時間で準備をしなければなりませんので，直感的に使えそうなPOINTSの欄のみを埋めていくイメージです。また，POINTSの使い方には正解があるわけではありません。自由な発想で使うことが可能ですので，以下に挙げたものとは別の発想ももちろんあるでしょう。きちんとした裏付けがされていれば正当に評価されます。あくまで発想の仕方の例として考えてください。それぞれのPOINTから柔軟な発想ができると，より説得力のあるエッセーを組み立てることが可能になります。

解答例

● Agree or disagree: Space exploration should be continued

(2012年度第2回)

訳　賛成か反対か：宇宙開発は継続されるべきだ

	Agree	Disagree
Dangers	技術の進歩により危険は回避できる	安全を優先させるべき

27

Expense	将来的には有意義な投資となる	費用負担が大きい
International cooperation	他分野での国際協力の切っ掛けになる	国際協力を得ることは難しい
National pride	国家の威信を尊重すべき	国家の威信よりも優先させるべきことがある
Scientific research	宇宙開発により地上では不可能な研究も可能になる	費用に見合う研究成果は期待できない
Space colonization	将来的には宇宙への移住も可能になる	宇宙への移住は非現実的

● **Should minors who commit serious crimes receive the same punishments as adults?**

(2013年度第2回)

訳 重罪を犯す未成年者は大人と同じ刑罰を受けるべきか

	Yes	No
Financial costs	長い目で見ると経済的負担は軽減される	未成年者を罰することで経済的な負担が増大する
Justice	罪の重さは成人も未成年者も変わらない	未成年者を罰するのは公正な判断と言えない
Mental maturity	精神的な未熟さは減刑の理由にはならない	精神的に未熟な未成年者に対する刑罰は考慮すべき
Prison life	刑務所の規律正しい生活で更生できる	刑務所の環境は未成年者の更生には不適切
Public safety	犯罪者に刑罰を与えないと治安が悪化する	未成年犯罪者に刑罰を与えるだけでは治安は守れない
Schooling	刑務所内で適切な教育を受ける機会がある	未成年者には一般の学校教育を受ける権利がある

　中には，すぐにはピンとこない POINTS もあるでしょう。そのような POINTS は気にすることなく，使わなければよいだけのことです。限られた時間内でエッセーの作成準備をするので，使いやすい（＝確実な裏付けができる）POINTS を3つ厳選するようにしましょう。ある程度なじみのある POINTS だと実例なども思い浮かびやすく，英

文もスムーズに出てくることでしょう。

　以上のような発想作業をしながら，「どの3つの POINTS を使うか」⇒「Yes/No または Agree/Disagree どちらの立場を取るのか」を決定します。その上で次のステージに移りましょう。

アウトライン　〜構成メモの作成〜

　いよいよ作成準備の最終段階です。使用する3つの POINTS が決まり，立場も決まったところで，全体の構成を決めていきます。エッセーをスムーズに書けるように，ここで簡単な「構成メモ」を作成するとよいでしょう。「構成メモ」とは，エッセーをどのように展開するのか，その流れの概要を示すものです。解答用紙に実際にエッセーを書くときには，このメモを基に書いていくことになります。

　以下，「構成メモ」のイメージです。

● **Agree or disagree: Space exploration should be continued**
Dangers / Expense / International cooperation / National pride /
Scientific research / Space colonization 　　　　　（2012年度第2回）

【構成メモ】

IntroductionとConclusionは同じ主張になるはずです。その裏付けとなるBodyは，それぞれ1つのPOINTを含む3つのパラグラフから構成されます。ここで決めなければいけないのは，3つのPOINTSをどの順番で使うかということです。明確な決まりがあるわけではありませんが，**最も強調したい点を最初に示すのがエッセーとしては効果的**です。上の例で言えば，1点目に「国家の威信」という大きな点について述べ，2点目ではより具体的・実践的な「科学研究」の話題に触れ，最後に将来的な「宇宙への移住」の可能性について挙げています。3点のバランスもよく，読み手が違和感を持つこともありません。また「構成メモ」では，3点をどのように使うかに加え，その説明で使う例なども考えておくことが必要になります。日本語で構いませんので，簡単に書き出しておきましょう。ここまでできれば，後は英語で文章を組み立てていくだけです。これで，書き始めるまでの事前準備がいかに大切かをおわかりいただけたかと思います。「最初の5分がエッセーの運命を決める！」と言っても過言ではありません。

以下は，前ページの「構成メモ」に基づき書かれた模範解答です。メモの内容がどのように反映されているのかを確認しながら，メモの取り方の参考にしてください。

Humans have been exploring Earth since time immemorial. It is only natural, then, that we have begun to explore space as well. The continuation of space exploration is imperative for many reasons, most significantly national pride, scientific research, and space colonization.

Explorers have always inspired **national pride**, and space explorers are no different. When the United States sent people to the moon for the first time, millions of Americans became fascinated with the mission, rejoicing in the fact that the astronauts had placed an American flag on the lunar surface. Future manned missions to space will undoubtedly spark a similar reaction.

Another benefit of space exploration is **scientific research**. By sending missions into space, scientists can study planets and other celestial bodies. For example, NASA's space rover, Curiosity, is currently conducting research on Mars that is revealing information about that planet's history. In addition, by venturing into space, scientists can better understand asteroids and other potential hazards to Earth.

Finally, the possibility that Earth could become uninhabitable due to climate change, nuclear war, or overpopulation means humans must **colonize other places in the universe**. The human race cannot survive without colonizing space.

It is for these reasons that space exploration must continue. The benefits of such exploration are simply too great to cast aside.

Chapter1 ウォーミングアップ

4 エッセーを書く　〜パラグラフの作り方〜

　英語で書かれるエッセーが日本語の作文とは大きく異なること，そしてエッセーを構成するパラグラフの意義については既に理解いただけたかと思います。この章では，作成した「構成メモ」に基づき，Introduction, Body, Conclusion のそれぞれのパラグラフの作り方について考えていくことにしましょう。

　以下の過去問を例に話を進めていきます。

TOPIC
Agree or disagree: World poverty can be eliminated

POINTS
- *Education*
- *Globalization*
- *Political corruption*
- *Population growth*
- *Technology*
- *The United Nations*

(2011年度第3回)

訳　TOPIC：賛成か反対か：世界の貧困は撲滅することができる
　　POINTS：教育，グローバル化，政治腐敗，人口増加，科学技術，国際連合

　6つの POINTS のうちどの3つをエッセーに盛り込むかを事前に考えた上で，以下の「構成メモ」を作成したとしましょう。このメモを基に書いていくことになります。

【構成メモ】

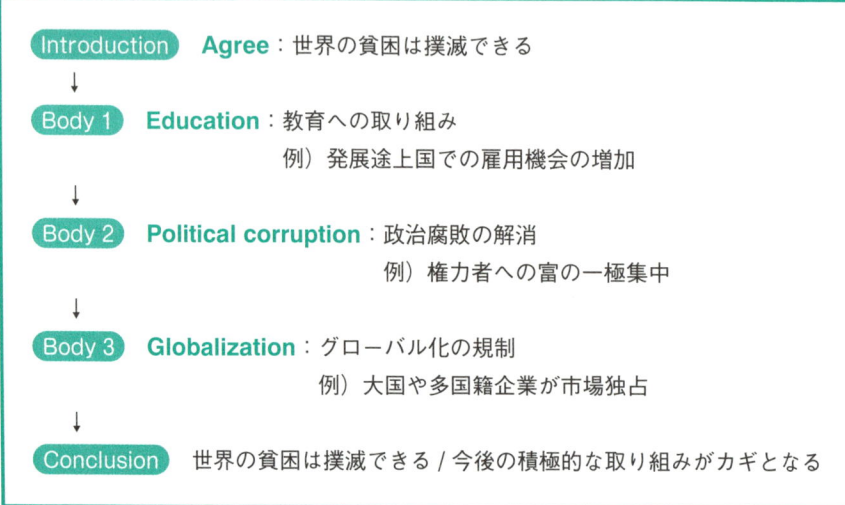

Introduction の書き方

Introduction（序論）はエッセーの書き出しであり，エッセーの「顔」とも言えます。効果的な Introduction は読み手の興味を引き，その後の Body へとスムーズにつなげてくれるものです。

英語のエッセーでは，Introduction に結論（＝書き手の主張）が盛り込まれるのでした。英検1級の英作文問題では，TOPIC に対して Yes/Agree なのか No/Disagree なのかがこれに当たります。書き手は自身の取る立場を必ずここで明らかにしなければなりません。ただし，出だしでいきなり I agree ... / I disagree ... とはなりません。Introduction にはもう1つ含めるべき内容があります。

【Introduction の構成】 計2〜3文

(1) **TOPIC への導入**：TOPIC に関する一般的な背景知識
(2) **主張の表明**：エッセーの結論（Yes/No または Agree/Disagree）

Introduction では，主張を表明する前に，これからどのような内容でエッセーを書くのかを紹介しなければなりません。このエッセーを読む人には出題された TOPIC や POINTS に関する知識がまったくない，と仮定しましょう。その場合でも**エッセーの**

Chapter1 ウォーミングアップ

出だしを読むだけでその主旨を理解できるようにするのが Introduction のもう1つの大きな役割なのです。とは言え，語数制限もあり，あまり多くのことを書くことはできません。TOPIC に関する一般的な，誰もが「うん，そうだな」と納得できるような背景知識を紹介するのがよいでしょう。以下，典型的な書き出しの例です。

※インターネットに関する TOPIC の書き出し例
「現代社会は IT 技術の進歩により，多くの恩恵を受けている」
※高齢化に関する TOPIC の書き出し例
「近年，先進国の多くでは社会の高齢化が進み，大きな社会問題になっている」
※環境保護に関する TOPIC の書き出し例
「技術の進歩や経済発展は，環境破壊や動植物への脅威を伴う」

このようにエッセーを始めると，読み手は書き手と同じ「土俵」に立って共通の問題認識を持つことができ，この後の議論も理解しやすくなります。複雑な内容を盛り込むのは逆効果です。あくまで簡潔に1文でまとめるつもりで書きましょう。

Introduction のもう1つの大切な役割は，主張の表明でした。エッセーの結論に当たるものです。TOPIC の表現をそのまま引用して，I agree ... または I disagree ... としてもよいですし，余裕がある方はほかの表現に言い換えてもよいでしょう。

以下，先ほどの過去問の解答例の Introduction のパラグラフです。

> The existence of global poverty in this world of plenty is a disgrace. Fighting poverty is not easy, but a concerted effort focused on the points below could lead to its elimination.

第1文で一般的な背景として，「この豊かな世界に貧困が存在するのは恥ずべきこと」と述べた上で，第2文で「貧困の撲滅は容易ではないが，以下の点において協調的な努力をすることで撲滅につながり得る」と主張を表明しています。"the points below" とあることで，主張の裏付けがこの後 Body において示されることが暗示され，読み手の興味を引く効果もあります。(Introduction の書き出し例は，p.45「エッセーでよく使う表現」を参照)

以上が Introduction の構成例です。TOPIC への導入と主張の表明の2文による組み立てが基本だと考えてください。繰り返しになりますが，Introduction を読むとエッセー全体の概要がつかめるようでなければなりません。ここで第一印象が決まりますので，採点者に好印象を与えるためにも重要なパラグラフです。また，一般的な読者の立

場から考えると，この第1パラグラフを読んだ上で，この先を読むか否かを決めることになります。その意味では，読者に対するアピールのパラグラフとも言えます。最初のパラグラフを読めば全体が見えるという点で，英語で書かれたエッセーはとても合理的で読みやすく，リーダーフレンドリーなのです。

Body の書き方

英語のエッセーでは，重要なことが最初に書かれ，その後その裏付けが示されます。Introduction の中で既に結論である書き手の主張が表明されていますので，続く Body（本論）では主張の裏付けがされなければなりません。おさらいですが，英検1級の英作文問題では6つの POINTS から3つを使いますので，1つの POINT を使ってパラグラフを作り，Body を3つのパラグラフから構成すると，読み手にとっても読みやすいです。「パラグラフとは？」(p.17) を思い出してください。パラグラフとは「1つのテーマについてまとまった考えを述べた複数の文の固まり」でした。Body におけるテーマとは，使う POINT のことです。

Body は，「結論」⇒「裏付け」の構成になっていなければなりません。**まずは抽象的に主旨を述べた上で，具体的な裏付けや例証がされるのが英語のエッセーの特徴でもあり，同時に Body におけるパラグラフの書き方**です。日本語の発想からすると，まずは具体的なエピソードを幾つか語り，最後に抽象化して結論を導き出す手法が用いられることが少なくありませんが，ここは英語的な思考にはっきりとスイッチを切り替えるべきところです。以下，同じ内容についてのパラグラフの作り方の違いを考えてみましょう。

【抽象】⇒【具体】

毎年多くの日本人がハワイで休暇を過ごす。
　↓
ハワイは海外でありながら，不自由することなくリラックスできるのが魅力である。
　↓
例えば，多くの場所で日本語が理解され，日本食レストランも充実している。

【具体】⇒【抽象】

> ハワイでは，多くの場所で日本語が理解され，日本食レストランも充実している。
> ↓
> つまり，海外でありながら，不自由することなくリラックスできるのが魅力である。
> ↓
> したがって，毎年多くの日本人がハワイで休暇を過ごす。

　Body を構成する3つのパラグラフは，それぞれが前者のような【抽象】⇒【具体】の構造を持っていなければなりません。以下が Body におけるパラグラフ構成です。

【Body の構成】　計3～4文

> **(1) Topic Sentence**：1つの POINT を含めたパラグラフの主旨
> **(2) Supporting Sentences**：Topic Sentence の説明・例証など

(1) Topic Sentence

　Topic Sentence とは，POINT になっているキーワードを含めたパラグラフの要旨とも言える文のことです。上の例で言うと，「毎年多くの日本人がハワイで休暇を過ごす」がこれに当たります。ここで気を付けたいのが，**Topic Sentence は必ず Introduction で書いた主張（＝結論）に結び付く内容でなければならない**点です。与えられた POINT が使われていても，TOPIC に対する主張に関連のない内容であれば，それは主張の裏付けとは言えません。Body を書き進める過程では，常に TOPIC からずれていないかを確認するようにしましょう。

(2) Supporting Sentences

　Topic Sentence に続く Supporting Sentences は，その名のとおり Topic Sentence をサポートするものです。「毎年多くの日本人がハワイで休暇を過ごす」と言われても，「え？　本当？　どうして？」と自然に疑問が湧きます。**Topic Sentence を受けてその裏付けを具体例などを挙げながら説明し補強する**のが Supporting Sentences の役割です。言い換えれば，Supporting Sentences は常に Topic Sentence に関連した内容であることが必須です。その上で，Topic Sentence だけでは「そうなの？」となるところが，Supporting Sentences まで読み進むと「なるほど！」と読み手が納得するのが優れた Body だと言えます。

「Topic Sentence を受けてその裏付けを具体例などを挙げながら…」と書きましたが，ここが難しい点でもあります。Topic Sentence を補強できる具体的な事例を果たして挙げられるのかという点です。話は少し戻りますが，事前準備で POINTS を選ぶ際にはこの点も考慮に入れる必要があります。「何となく書けそうだ」という程度で3つの POINTS を選んでしまうと失敗しがちです。**具体的な説明や例を挙げられるPOINTS を選ぶ**ことが成功の秘訣です。「この POINT を使う」という判断は，「十分なサポートができる」という判断を含む決定でなければなりません。

さて，具体例とはどのようなものでしょうか？　前述のハワイの例では，「多くの場所で日本語が理解され，日本食レストランも充実している」がこれに当たります。この程度の知識でもよいのです。読み手にとっては，ただ漠然と「ハワイは海外でありながら，不自由することなくリラックスできるのが魅力である」と書かれているより，このような例があることではるかに説得力が増します。

具体例のソースは，以下2つに大きく分類されます。
（1）テレビ・新聞・雑誌などのメディアからの知識
（2）個人的な経験，身近な人の事例など

普段からエッセーの TOPIC として出題が予想される分野についてアンテナを張っておくことで，適切な具体例を示すことが可能になります。ただ，正確なデータなどを挙げることはなかなかできません。時間制限や語数制限もあるので，厳密な正確さは求められません。例えば，国名をはっきり覚えていないのであれば，in some developing countries としたり，研究者の名前がわからなければ，according to some experts などとややぼかした書き方をしたりするのも1つの方法です。また，書く前の事前準備の時間内に，3つの POINTS それぞれについてメディアのデータなどを思い出すのは難しいこともあるでしょう。体験談を POINTS に合わせてある程度脚色するなど，柔軟に対処することもテクニックとして有効です。1つの Body は3〜4文から構成されますが，最初の1文は Topic Sentence ですので，残りの Supporting Sentences は2〜3文となります。短く的確にまとめることが重要です。

以下は，過去問の解答例の Body に当たる3つのパラグラフです。それぞれのパラグラフが，POINT を含む Topic Sentence から始まり，Supporting Sentences が続いていることを確認しましょう。

Chapter1 ウォーミングアップ

> **Education** is the best place to start. Through education, people in developing countries can learn new skills that will help increase their chances of gaining employment, or even starting a business, and thereby create wealth for themselves and their country.

（貧困撲滅のためには）**教育にまず取り組むべき**
↓
発展途上国において教育が充実すると雇用機会が増えるのに役立つ
↓
個人ばかりでなく国の富にもつながる

> The fight against poverty must also include a fight against **political corruption**. Many poor countries are not actually poor, they only seem so because a corrupt political elite ensures the wealth stays in the hands of a small minority. Such wealth must be more equally distributed.

（貧困撲滅のためには）**政治腐敗にも取り組むべき**
↓
国が貧しいのではなく，権力者への富の一極集中が原因でそのように見える
↓
富は平等に分配されるべき

> Finally, while **globalization** allows nations to export their goods to more countries, it must be more strictly controlled. Lax trade regulations have made it easy for powerful nations and multinational corporations to monopolize the markets. By doing so, they have been able to stifle the growth of small businesses in poverty-stricken countries.

（貧困撲滅のためには）**グローバル化のさらなる規制が必要**
↓
緩い貿易規制により大国や多国籍企業が市場を独占する
↓
貧困国の中小企業の成長を抑制する

POINT を含む Topic Sentence だけでは「なぜ？」「どうして？」と疑問が湧くところですが，その後の Supporting Sentences がその回答になっていますね。また，Body は3つから構成されていますが，このように並列に裏付けを並べる場合には，読み手がわかりやすいように，それぞれのパラグラフを First, Second, Finally などから始めるのもよいでしょう。（書き方の例は p.45「エッセーでよく使う表現」参照）

Conclusion の書き方

Introduction に続き Body が完成したら，後は Conclusion（結論）を残すのみです。日本語で書かれた小論文では，最後のパラグラフでようやく結論が書かれることも少なくないのですが，英語では最初に主張（＝結論）を表明した上でその裏付けを示すのでした。それでは，このパラグラフでは何を書くべきなのでしょうか。

まず言えることは，Conclusion と言っても，初めての情報が含まれることはありません。当然ここで新たな POINT を使うこともしません。あくまで**これまで述べてきたことの「再確認」「まとめ」をするのが Conclusion のパラグラフの主たる役割**だと理解してください。したがって，ここで述べることは，決して Introduction で述べた内容と矛盾するものであってはなりません。内容は同じであっても，Introduction で述べた際にはまだその裏付けが何もありませんでした。Body で POINTS を用いて裏付けをした後に再度書き手の主張を駄目押しのように確認することで，読み手はより書き手の思いを共有することができることでしょう。

以下，過去問の解答例の Conclusion のパラグラフです。

> Poverty can be eliminated. The real question is, does the will to solve it exist? At the moment, with issues such as terrorism and global warming dominating the headlines, that will may not be there. Still, we cannot afford to neglect this issue.

Introduction で，"**a concerted effort focused on the points below could lead to its elimination.**"（以下の点において協調的な努力をすることで撲滅につながり得る）との主張表明をしていました。これが Conclusion では，"**Poverty can be eliminated.**"（貧困の撲滅は可能である）と同じ内容ではありますが，Body で裏付けを示したことから Introduction の "could" が "can" に置き換えられており，撲滅の可能性への書き手の自信がうかがえます。その上でまとめとして，今後の問題点などを示してエッセーの締めくくりとしています。

このように，Conclusion では Introduction で書いた主張（＝結論）を異なる表現で再び示すことが望ましく，その後で，今後の希望などまとめにふさわしい1文が加えられると理想的です。

【Conclusion の構成】　計1～2文

> **(1) 主張の再確認**：Introduction で示した主張と同内容
> **(2) まとめ**：今後の問題点や期待など

　ただし，実際の試験ではあまり時間をかけることもできず，解答用紙のスペースも残り少ないかもしれません。そのような場合には，無理にまとめの文をひねり出す必要はありません。Conclusion で絶対に必要なのは，「主張の再確認」です。余裕がない場合には，この1文だけでもよいでしょう。別の表現で言い換えられればよいですが，時間もなく難しいようなら，そのままの表現で "**For the above three reasons, I believe that ...**" などで締めくくることもできます。Introduction，Body までで一貫性のある議論が展開されていれば，Conclusion がこの1文であっても大きく減点されることはありません。

　エッセーの基本的な構成，作成のための事前準備，各パラグラフの作り方についての話はここまでになります。Chapter 2 の練習問題では，予想問題10題を準備しています。それぞれの TOPIC に関して実際にエッセーを書いてみましょう。POINTS の使い方を思い出しながら，ぜひ英語のエッセーの書き方を習得してください。一次試験対策としてだけでなく，二次試験のスピーチの準備としても必ず役立つはずです。

5 エッセーを書く上での注意点

　これまでエッセーの書き方について述べてきましたが，最後に全体的な注意点をまとめておくことにしましょう。多くはこれまでにも盛り込んできた内容ですが，つい忘れてしまいがちな点ばかりです。減点の対象とならないよう，練習をする際も以下の点に常に注意するようにしてください。

1　パラグラフははっきりと！

　英語でエッセーを書く際に，パラグラフは非常に重要な役割を果たします。「新たなパラグラフが始まる」ことはテーマが変わることを示すので，読み手にとっては不可欠な情報であり，それを示すのがインデント（字下げ）です。ネイティブスピーカーにとっては，インデントがはっきりとされていない文章は大変読みにくいものです。うっかり忘れることのないよう注意しましょう。

　インデントは，1/2インチあるいは，5〜10字程度するのが一般的です。解答用紙に書くときには，**パラグラフの最初を左から 1.5〜2.0 センチ程度下げる**と読みやすいでしょう。また，解答用紙にはあまり余裕がありませんので，パラグラフとパラグラフの間を1行空ける必要はありません。

2　最後までTOPICに執着！

　指定された TOPIC に関するエッセーを書くことが大前提です。それにもかかわらず，POINTS を見ているうちに，つい自分なりに TOPIC を都合のよいように曲解してしまうことが少なくないようです。事前準備の段階で，**それぞれの Body の内容が Introduction で述べた主張に結び付くものなのかを確実にチェックしましょう**。どれだけ素晴らしい内容が素晴らしい英語で書かれていたとしても，TOPIC とずれていては評価されません。

3　POINTS は Body で扱う！

　POINTS は3つを選び，1つの POINT につき1つの Body を作るのが基本です。4つ以上の POINTS を使うことも可能ですが，とかく内容が多くなり過ぎて，十分な説明ができずにまとまらないエッセーになりがちです。

　また，**Introduction でいきなり POINTS を扱うことは避けましょう**。Introduction では TOPIC への導入と主張表明（＝結論）を述べますので，POINTS は Body で扱う

べきです。Conclusion はまとめですので，Body で使った POINTS をまとめる意味での言及は構いませんが，ここで**新たな POINT を出すのは不適切**です。

4　Yes/No を曖昧にしない

　英検1級で出題される TOPIC は，Yes/No または Agree/Disagree を問うものがほとんどです。どちらの立場を取るのかは，Introduction の中ではっきりさせましょう。日本人はどうも曖昧な立場を取る傾向があり，「この点では賛成だが，この点では反対」のようなエッセーが見受けられます。この書き方が絶対にいけないというわけではありません。けれども，200語程度という制約の中で両方の立場を論じるには，より論理的な思考と的確に表現するための英語力が必要となり，結果的にうまくまとめられないことが多いようです。たとえ自身の考えに反することでも，ここは出来上がりを優先させて，Yes/No，Agree/Disagree どちらかの立場だけを論じることをお勧めします。

5　日本事情ではない

　いつの間にか日本についての話に終始してしまうエッセーも多く見かけます。近年の出題を見てみると，日本について問われている TOPIC は，Does more need to be done to address Japan's low birthrate?「日本の低出生率に取り組むため，もっと多くのことをする必要があるか」(2012年度第3回) のみです。そのほかの TOPIC は，**日本事情を問うのではなくグローバルな視点からの出題**ですので，日本についてばかり述べることは採点者に好印象を与えません。

　ただし，Body の中のサポートとして日本の事例を挙げることはできるでしょう。また，日本の事情により詳しいのは当然ですから，どうしても書く内容が偏るのもある程度仕方のないことです。このような場合には，In Japan ... と特定するのではなく，In many developed countries ... などとするのも1つの書き方です。

6　抽象的ではわからない

　Technology is useful in eliminating world poverty. Highly advanced technologies have become available and they can help poor people to lead more convenient lives.

　日本人であれば，おそらくこれを書いた人の気持ちがよくわかるでしょう。最新のテクノロジーに囲まれた同じコンテクストの中で生活していると，このような抽象的な内容でもお互いに理解できてしまうのです。ただエッセーとなると状況は変わってきます。どんなコンテクストを持つかわからない人が，何の事前情報もなくエッセーを読んだだけで，すべてを理解できなければいけないのです。上の例では，「なぜテクノロジーによって貧困の撲滅が可能なのか？」「Highly advanced technologies ってどんなものなのか？」などを具体的に書かなければ，主張は弱いものになってしまいます。Topic

Sentence に続く Supporting Sentences では，読み手の理解を助けるようにできるだけ具体的に書くように心掛けましょう。

ここからは，英文を書く際の細かい注意点になります。日本人にありがちな書き方の癖や，間違いとは言えなくても避けた方がよい書き方などの注意点をまとめました。練習をする際にこれらに気を配って書くと，より高得点を狙えるエッセーが出来上がることでしょう。

1 文を複雑にしない

文法的に正しくても，修飾の多い表現や，構造が複雑な長い文は，読み手にとって印象がよくありません。前から読んで1度ですぐに意味の取れるシンプルな書き方を心掛けましょう。

⟨例⟩
People who live in developing countries ...
⇒ People in developing countries ...
In Japan in which aging is rapidly progressing,
⇒ In Japan, where people are rapidly aging,
People who obtained education are more likely to gain job opportunities than those who didn't.
⇒ Education may increase job opportunities.

2 不完全文は認められない

because の使い方にしばしば誤りが見られます。because は接続詞ですので，文と文を結び付ける役割があります。**Because から始まる S + V だけでは不完全文です**。

⟨例⟩
Many poor countries are not actually poor but only seem so. Because a corrupt political elite monopolizes the country's wealth.
⇒ Many poor countries are not actually poor but only seem so because a corrupt political elite monopolizes the country's wealth.

And, But から文を始めるのもやや稚拙な印象を与えます。論理性に欠け単調に聞こえることもありますので，副詞（句）である Moreover, Therefore, As a result, However などを文脈により適宜選ぶ方が安全と言えます。

Chapter1 ウォーミングアップ

(例)

Through education, people can learn new skills. And they will be more likely to land a job.
⇒ Through education, people can learn new skills. As a result, they will be more likely to land a job.

3　カジュアルな表現は避ける

　準1級で出題される英作文は，友人からのE-mailへの返信を作成するものです。比較的カジュアルな書き方でも問題ないでしょう。ところが1級では，書き方の指定されたエッセーを作成します。自然と準1級よりはフォーマルな文章が求められます。略式の表現や短縮形は減点の対象になるとは言えませんが，できるだけ避けた方が採点者への印象はよいでしょう。

(例)

isn't ⇒ is not　　　won't ⇒ will not　　　I've ⇒ I have
it'll ⇒ it will　　　they'd ⇒ they would　　can't ⇒ cannot

4　単調な印象を与えない

　単調な文章は読み手を退屈させるものです。できるだけ同じ構文が続かないように，文構造にバリエーションを持たせましょう。**同じ主語が続くのを避けるためには，態を変えたり，無生物主語を用いたりするのも効果的です**。また，英語では同じ表現を何度も用いることを嫌います。普段からシソーラス（類義語辞典）などを利用して，言い換え表現を増やしておくと役立ちます。

(例)

eliminate ⇒ eradicate, wipe out, put an end to
poor ⇒ impoverished, destitute, deprived, poverty-stricken

5　1人称を避ける

　Introduction と Conclusion では書き手の主張が書かれますので，I agree ... / I believe ... などの表現が使われるのは自然です。ただし **Body においては1人称はできるだけ避ける**ように心掛けるとよいでしょう。I や We が続くと単調になり，稚拙な印象を与えます。また，**Body ではできるだけ客観的に裏付けを述べることがエッセーの基本です**。受動態や無生物主語構文などを使って1人称を避けるとよいでしょう。例外は，Body で個人的な体験を例として挙げるときです。この際は必要に応じて1人称を使うことになります。

⓪ 例

We need to make more efforts ...
⇒ More efforts are required ...
We should give educational opportunities to poor people.
⇒ Poor people should have equal access to education.

6　指示語に注意

　　日本人の書いた英文でよく指摘されるのは，指示語が何を指すのかが曖昧であることです。漠然と it, they, we などが使われていて，何となく意味するところはわかっても，単数・複数が一致していないなどの理由ではっきりと特定できないことがよくあります。**指示語は読み手がすぐにわかる場合にのみ使うことが可能**だと考えてください。また，一般的な意味で使う we も曖昧な印象を与えるので，できるだけ避けるべきです。

7　ぼかし表現はマイナスの印象

　　日本語では，断定する表現を避ける傾向があります。自分の意見であっても，「〜かもしれません」「〜のように思われます」のような言い方が一般的で，英語でもこれが反映されて，必要以上に I think ... / It seems to me that ... / In my opinion / from my point of view などが使われます。文化の違いから来るものですが，エッセーにおいては責任の所在を逃れるかのようで，主張が弱いと受け取られてしまいます。Introduction や Conclusion のパラグラフで書き手の主張を述べる場合にはもちろん問題ないのですが，Body ではあえてこのようなクッションを置く必要はありません。Body はあくまで客観的に書くことが理想です。

8　英文は論理的な展開

　　一般に，日本はハイコンテクストの文化を持つと言われます。互いが同じような背景知識や価値観を持つため，曖昧な表現でも，それを受け取る聞き手や読み手が意味を理解できます。ところがローコンテクストな欧米の文化においては，相手に対してはっきりと意見を伝え，その裏付けを論理的に伝えなければ理解されません。日本人が英文を書く際につなぎ言葉（接続詞・接続副詞）を使うのが苦手なのは，これも大きな原因です。前後のつながりに気を配り，and で何となくつなげることなく，文脈に応じて適切な接続詞や副詞（句）を用いて読み手の理解を容易にすることが書き手の責任だと覚えておきましょう。（p.45「エッセーでよく使う表現」参照）

6 エッセーでよく使う表現

英検1級では，毎回同形式のエッセーが出題されています。時間制限がある中で要領よく完成させるためには，どのような TOPIC にも使えるフレーズを多く準備しておくことが有効な対策となります。この章では，Introduction, Body, Conclusion のそれぞれのパラグラフで使える表現，さらには論理的で読み手にフレンドリーな書き方に役立つ「つなぎ言葉」を覚えましょう。

Introduction

※ TOPIC への導入（一般的な背景知識）の書き出し例：

  Many people believe ...
  There is a growing awareness that ...
  Some people say that ... while others say that ...
  It is often pointed out that ...
  It is commonly said that ...
  Few people question that ...

※ 主張の書き出し例：

  I think ... / I do not think ...
  In this essay I will explain why ...
  I agree [disagree] that ... for the following three reasons.

Body

※ 3つの Body パラグラフの書き出し例：

  First, / Second, / Third,
  First, / Next, / Finally,
  Firstly, / Secondly, / Finally,
  First of all, / In the first place,
  Most importantly,
  Another ～ is that ...

Conclusion

※ Conclusion の書き出し例：

　　In conclusion,

　　In summary,

　　I believe ... for the above three reasons.

　　Considering all the above factors, I believe ...

つなぎ言葉

(1) 因果関係「それ故に，したがって」

　　Therefore, / Consequently, / As a result, / Thus, / Accordingly,

(2) 逆接「しかし，けれども，一方では」

　　However, / Nevertheless, / Still, / On the other hand,

(3) 付加「さらに，加えて」

　　In addition, / Additionally, / Besides, / Furthermore, / What is more,

(4) 例示「例えば」

　　For example, / For instance, / Take ... for example,

(5) 言及「～によると，～に関しては」

　　According to ... / When it comes to ... / Speaking of ... / Concerning ... / Regarding ... / In regard to ...

(6) 原因・理由「～によって，～のせいで」

　　Because of ... / Due to ... / Owing to ... / On account of ...

(7) 総論「一般的に，概して，全般的に」

　　In general, / Generally speaking, / By and large, / On the whole,

その他の定型表現

　　The problem is that ... / This means ... / That is why ... /
　　This leads to ... / This plays a part [role] in ... /
　　It is likely [unlikely] that ... / It is doubtful that ... /
　　The benefit of ～ is ... / Despite the fact that ...

Chapter 2
練習問題

Unit 1　社会
Unit 2　教育
Unit 3　サイエンス
Unit 4　国際
Unit 5　環境
Unit 6　医療
Unit 7　国際
Unit 8　政治
Unit 9　ビジネス
Unit 10　環境

Unit 1 社会

目標時間 **25分**

- Write an essay on the given TOPIC covering three of the POINTS below.
- Structure: Three or more paragraphs, including an introduction and conclusion
- Length: Around 200 words
- Write your essay in the space provided on your answer sheet. <u>Any writing outside the space will not be graded.</u>

TOPIC
Does increasing longevity have a beneficial effect on society?

POINTS
- *Life experience*
- *Quality of life*
- *Medical progress*
- *Pensions*
- *Healthcare costs*
- *Family relationships*

Write your English Composition in the space below.

解答例A ● Negative

01-A

During the 20th century, the average longevity of human beings increased dramatically. Although this can be seen as good for individuals, it cannot be said to have a beneficial effect on society.

First of all, the increasing longevity inevitably leads to a sharp rise in healthcare costs. Sooner or later, the health of an individual will fail, and then society will have to take responsibility for the care of that individual. The burden on younger people, both indirect, in the form of increased taxation, and direct, in the form of caretaking, will become intolerable.

Secondly, increasing life spans put a great strain on the pension system. As people live longer, the length of time that they depend on a pension also grows. In fact, many countries' pension systems are nearing bankruptcy.

Finally, the assumption that living longer leads to a better quality of life needs to be reconsidered. A longer life is not necessarily a better life. The growing number of senior citizens leads to a lowering in the average quality of life.

In conclusion, increasing longevity cannot be said to have a positive impact on society. However, we should nevertheless make every effort to ensure that senior citizens have as good a life as possible.

(206 words)

● Chapter2 練習問題

> **訳**
>
> **TOPIC** 寿命の伸びは社会に有益な影響があるか
> **POINTS** ①人生経験 ②生活の質 ③医療の進歩 ④年金 ⑤医療費 ⑥家族関係
>
> 　20世紀の間に人間の平均寿命は飛躍的に伸びた。これは個人にとっては良いことだと見なすことができるが，社会に有益な影響があるとは言い難い。
> 　まず，寿命が伸びることで必然的に医療費の急増につながる。遅かれ早かれ人の健康は衰えるものであり，その後は社会がその個人のケアをする責任を負わなければならなくなる。若い世代への負担は，間接的には増税という形，直接的には介護という形の両面で，耐え難いものになるだろう。
> 　第2に，寿命が伸びることで，年金制度に大きな負担がかかる。人が長生きすれば，年金に頼る年月も長くなる。実際，多くの国の年金制度は破綻に近づきつつある。
> 　最後に，長く生きることが生活の質の向上につながるという思い込みは考え直す必要がある。長寿は必ずしもより良い人生ではない。高齢者の数の増加は，平均的な生活の質の低下を招く。
> 　結論として，寿命の伸びは社会に有益な影響があるとは言えない。しかし，それでも私たちは，高齢者ができる限り良い人生を送ることを保証するための，あらゆる努力をするべきである。

解説

　「寿命の伸びは社会に有益な影響があるか」とのTOPICに対して，「個人にとっては有益のようだが社会にとっては有益ではない」との主張がIntroductionで表明されている。その後のBodyにおいて，⑤「医療費」，④「年金」，②「生活の質」の3つのPOINTSについて述べられている。それぞれのBodyのパラグラフの書き出しに注目したい。First of all, Secondly, Finally, に続いて，POINTを含むTopic Sentenceが書かれている。パラグラフが変わりインデントされるだけでなく，このように，副詞（句）によりテーマが変わることがはっきりと示されることで，読み手の理解は容易になる。

　1点目は医療費について。若い世代への負担について，増税や介護などを挙げながら具体的に述べている。2点目は年金制度について。実際に年金制度がほとんど破綻している国が多いと書かれている。正確な国名や破綻状況のデータなどを示すことができればなおよいが，英検1級の英作文問題においてそこまでは求められていない。一般的な知識として例が挙げられれば十分と言える。最後に「生活の質」においても，長寿が幸せを意味しないと終始見解が一貫している。

　Conclusionでは，主張を再確認した上で，高齢者ができる限り良い人生を送れるよう努力が必要であるとの今後の目標を添えて締めくくられている。

解答例B ● Positive

The growing number of elderly people undoubtedly does bring problems. Nevertheless, in my opinion, increasing longevity does have a beneficial effect on society overall.

One reason is that the increasing longevity of people is itself simply a reflection of medical progress. Senior citizens are now healthier and more energetic than ever before. This means that they can enjoy the leisure of their retirement for longer. They can also use their time to contribute to society, for example, by volunteering.

Moreover, senior citizens by definition have more experience than young people. This means that they can educate younger members of society by using their accumulated wisdom. They are likely to be calmer and more thoughtful than younger people. They also tend to consume less and waste less.

Another benefit of longevity is that elderly people can help their children by looking after their grandchildren. This allows women to participate in society even after they become mothers, thus increasing gender equality. At the same time, grandchildren can learn from elderly people's valuable experiences, which will be helpful in their future.

In these ways, increasing longevity has a positive effect on society. As developing countries become wealthier, these benefits are likely to spread to more and more countries around the globe.

(208 words)

● **Chapter2 練習問題**

> **訳**
>
> 　高齢者の数が増えると確かに問題も起きる。それでも，私の考えでは，寿命が伸びることは全般的に社会に有益な影響がある。
>
> 　1つの理由として，人の寿命の伸びそれ自体はまさしく医療の進歩の反映である。高齢者は今やかつてないほど健康でエネルギッシュである。これは，退職後の余暇をこれまでよりも長く楽しめることを意味する。また高齢者は，例えばボランティア活動によって，社会貢献するために時間を使うこともできる。
>
> 　さらに，高齢者は当然若者より経験が豊富である。これは，高齢者が蓄積した知恵を用いて，社会の若いメンバーを教育できることを意味する。高齢者は若者より概して落ち着きがあり思慮深い。また高齢者は消費も浪費も少ない傾向にある。
>
> 　もう1つの長寿の利点は，高齢者が孫の面倒を見ることで自分の子供を手助けできることである。これにより出産後も女性の社会参加が可能となり，したがって男女同権を促すことになる。同時に孫も高齢者の貴重な経験から学べ，将来に役立てることができる。
>
> 　このように，寿命の伸びは社会に良い影響を与える。発展途上国が豊かになるにつれ，このような恩恵は世界中のもっと多くの国に広まるだろう。

● **解説**

　最初に一般論として「高齢化に伴う社会問題」に触れた上で，Nevertheless に続けて「全般的には有益である」と主張している。Introduction で書き手の立場を書く際に，あえて反対の立場の一般論から書き始め，逆接でつなげるのは，読み手の興味を引く上でも効果的な Introduction の書き方である。

　Body においては，寿命の伸びがどのように社会にとって有益なのかを具体例を挙げながら論じている。1点目として，③「医療の進歩」により老齢でも健康なため，引退後も十分に社会生活で活躍できること，2点目として，高齢者ならではの蓄積された①「人生経験」を生かせること，3点目として，家族内での貢献を挙げている。⑥「家族関係」の POINT はかなり幅広く使える。ここでは孫の世話をすることでの貢献について述べているが，ほかにも，複数世代で暮らす extended family（大家族）の利点に触れることもできるだろう。必ずしも POINT である Family relationships という表現をそのまま使う必要はない。関連する内容が含まれていれば，別の表現を自由に使うことができる。

　Conclusion はエッセー全体のまとめとして，In these ways, と始めている。Body の内容を指して，For the above three reasons, などと始めることも可能である。Conclusion は主張の再確認である1文だけで終えることもできるが，このように今後の見通しや目標課題が加えられると，さらに読み手の印象に残るだろう。

Unit 2 教育

目標時間 **25分**

- Write an essay on the given TOPIC covering three of the POINTS below.
- Structure: Three or more paragraphs, including an introduction and conclusion
- Length: Around 200 words
- Write your essay in the space provided on your answer sheet. <u>Any writing outside the space will not be graded.</u>

TOPIC

Agree or disagree: Sports are essential to the healthy development of children

POINTS
- *Discipline*
- *Teamwork*
- *Competition*
- *Sense of achievement*
- *Aggressiveness*
- *Academic achievement*

Write your English Composition in the space below.

> 解答例 A ● Negative　　　　　　　　　　🔊 02-A

　　Physical exercise is probably essential to the healthy development of children, but not playing sports.

　　The difference between exercise and sports is that sports, especially team sports, are mainly about developing a spirit of <u>competition</u>. When teams play matches, the aim is to win. Although a certain amount of competition is probably inevitable in life, it is far more important for children to develop the ability to cooperate and care for one another than to be encouraged all the time to compete with and win over their peers.

　　Moreover, sports encourage physical <u>aggressiveness</u> in children. It teaches children that the bigger and tougher you are, the more you are to be admired. This is not only an unfortunate lesson to be teaching children, but it also frequently leads to physical injury and a sense of pride in inflicting such injury.

　　Schools should rather be about teaching children <u>academic subjects</u>. In fact, academic achievement will matter far more than sporting prowess in children's futures. Moreover, academic achievement is likely to lead to citizens who can contribute positively to the societies they belong to.

　　Far from being essential to children's healthy development, too great an emphasis on sports can be positively harmful.

(200 words)

Chapter2 練習問題

> **訳**
>
> **TOPIC**　賛成か反対か：スポーツは子供の健全な発育に不可欠である
> **POINTS**　①規律　②チームワーク　③競争　④達成感　⑤攻撃性　⑥学業成績
>
> 　運動は子供の健全な発育におそらく不可欠だが，スポーツをすることはそうではない。
> 　運動とスポーツの違いは，スポーツ，特にチームスポーツは，競争心を育成することが主たる目的だという点である。チームが試合をする際，目的は勝つことである。人生においてある程度の競争はおそらく避けられないが，子供にとっては，同世代の子供たちと戦って負かすよう常に後押しされるより，協力し互いを思いやる能力を育むことの方がはるかに重要である。
> 　その上，スポーツは子供の身体的攻撃性を助長する。攻撃性は，体が大きく強いほど評価されると子供に教える。これは子供に教える教訓として不適切であるばかりでなく，しばしば身体的なけがの原因にもなり，そうしたけがを相手に負わせることに誇りを持つ原因になる。
> 　学校はむしろ子供に教科を教える場であるべきである。事実，子供の将来において，スポーツの能力よりも学業成績の方がはるかに重要である。さらに，学力は，自分が属する社会に積極的に貢献できる市民を育てる可能性が高い。
> 　子供の健全な発育に不可欠であるどころか，あまりにスポーツが強調され過ぎると，確実に害を及ぼし得る。

> **解説**
>
> 　「運動は必要だが競技スポーツは子供の発育に悪影響をもたらす」という主旨で書かれている。一般にスポーツは子供に有益だと見なされているので，Agree の立場を取ることが多いと考えられるが，あえて逆の意見を書くのもよいだろう。
> 　1点目の理由として，③「競争」を挙げている。スポーツは子供の競争心をあおるが，仲間との協調が重視されるべきと論じている。2点目として，⑤「攻撃性」を挙げ，スポーツにより子供が攻撃的になる可能性を述べている。ここまで読むと，確かにスポーツは子供に悪影響があるのではないかと思えてくる。第1パラグラフに「運動は子供の健全な発育に不可欠である」とあるが，スポーツと運動の違いがここで明確になり，読み手を納得させる。
> 　3点目の理由として，子供の将来を考えるとスポーツよりも学力が重要であると述べている。⑥「学業成績」を POINT として使うのであれば，ほかにも，スポーツに時間と体力を費やしてしまうと学習面がおろそかになる，と展開することもできるだろう。
> 　Conclusion では，スポーツを重視し過ぎると子供の発育に有害だと駄目押ししている。この流れでまだ語数に余裕があれば，「子供のころは遊びや運動による体力増進に努め，スポーツは自我が確立するまで待ってからでも遅くはない」などとしても説得力がありそうである。

解答例B ● Positive

　　In my view, sports are an important component in the education of children. Although not all children enjoy or are good at sports, most naturally enjoy playing them.

　　By playing sports, children can learn <u>discipline</u>. Most children have an innate love of competition, and through playing sports they can learn to channel this in a healthy direction. The self-discipline that they learn in this way will be useful to them in every sphere of life later.

　　Moreover, by playing team sports, children can learn the importance of <u>teamwork</u>. For example, when playing soccer, it is important to create opportunities for other players to score goals. Even though the other player will get the glory, the child will learn that cooperation is essential to achieving an aim.

　　Finally, training and playing hard brings a <u>sense of achievement</u>. Especially for children who are not academically gifted, playing sports gives them an opportunity to shine and win the admiration of their fellows. Education should recognize the abilities of all children, not just those who are good at academic subjects.

　　For all these reasons, I believe that sports are essential to the healthy development of children. Indeed, the role of sports in the school curriculum should be made bigger in the future.

(208 words)

Chapter2 練習問題

訳

　私の意見では，スポーツは子供の教育において重要な要素である。すべての子供がスポーツを楽しむわけでも得意なわけでもないが，ほとんどの子供は元来スポーツをするのを楽しむ。

　スポーツをすることで子供は規律を学ぶことができる。ほとんどの子供は生まれながらに競争を好むものであり，スポーツをすることを通して，この競争を健全な方向に向けることを学べる。このようにして身に付ける自己規律は，将来人生のあらゆる場面において子供の役に立つことになる。

　さらに，チームスポーツをすることで，子供はチームワークの大切さを学ぶことができる。例えばサッカーをするとき，ほかの選手がゴールを決めるチャンスをつくることは重要である。栄光を手にするのがほかの選手だとしても，その子供は，目標を達成するには協力が不可欠だと学ぶことになる。

　最後に，懸命に練習しプレーすることは達成感をもたらす。特に学力に恵まれていない子供にとって，スポーツをすることは輝いて仲間から認められる機会を与えてくれる。教育は，勉強が得意な子供だけでなく，すべての子供の能力を認めるべきである。

　これらの理由により，スポーツは子供の健全な発育に不可欠だと私は考える。実際，将来は学校のカリキュラムにおけるスポーツの役割をもっと大きくするべきである。

解説

　解答例は「スポーツは子供の健全な発育に不可欠である」という明確な立場で論旨を展開しているが，テクニックとして，Introduction または Conclusion で譲歩を入れることもできる。賛成であれば，「スポーツに熱中することでのマイナス面も考えられるが，全体的に考えると…」「問題点もあるが，利点がそれを上回る」などの1文を入れることで，Body においてはちゅうちょなく賛成の理由のみを3点書くことができる。

　ここで使われている POINTS は①「規律」，②「チームワーク」，④「達成感」。どれも POINTS と同じ表現で，それらがどのようにスポーツによってもたらされるのか，また子供にとっていかに有益であるのかがわかりやすく述べられている。各パラグラフの最初の Topic Sentence だけでは漠然としているが，その後の具体例などによって詳しく説明されている。3つの Body のバランスも非常によい。注意したいのは，1つの POINT だけを詳しく説明して語数を取ってしまい，ほかの2点がおろそかになることがないようにすることである。200語前後の中で，どの Body も過不足なく POINT をカバーしているかも重要な点である。

　Conclusion の最後では，賛成である立場を再確認した上で，今後の希望が書かれている。全体のまとめとしてふさわしいと言える。

Unit 3 サイエンス

目標時間 25分

- Write an essay on the given TOPIC covering three of the POINTS below.
- Structure: Three or more paragraphs, including an introduction and conclusion
- Length: Around 200 words
- Write your essay in the space provided on your answer sheet. <u>Any writing outside the space will not be graded.</u>

TOPIC

Agree or disagree: Future generations will become more dependent on robots

POINTS
- *Efficiency*
- *Costs*
- *Artificial intelligence*
- *Labor shortage*
- *Employment*
- *Aging society*

● Chapter2 練習問題

Write your English Composition in the space below.

解答例A ● Negative　　　03-A

　　In recent years, robots have become increasingly common. Nevertheless, I do not believe that future generations will become more dependent on robots.

　　The first point concerns the relative <u>costs</u> of using robots and human beings. Robots cost a great deal to buy and maintain. However, as the development of China and India shows, there are still many places where human labor is extremely cheap.

　　Another point against robots is that using them will simply lead to less <u>employment</u> of human beings. As unemployment increases in wealthy countries, labor costs there will fall. It is unlikely to be economically rational to invest in robots in such a situation.

　　Finally, it is not <u>efficient</u> to use robots. However sophisticated robots become, they will never become more sophisticated than the human beings who created them. For this reason, it will always be more efficient to use human beings who can think for themselves and adapt swiftly to new situations.

　　Overall, it seems to me highly unlikely that human beings will come to depend on robots. Some use is a good idea, especially when jobs involve danger, but we should not use them at the expense of human workers.

(195 words)

ミニクイズ　気をつけたい文法

(A) から (D) の中に1つ文法上の誤りがあります。正しい表現に直しましょう。

As the development of China and India <u>shows</u>, there are still many
　(A)　　　　　　　　　　　　　　　　　　　　　(B)
places <u>that</u> human labor is <u>extremely cheap</u>.
　　　(C)　　　　　　　　　(D)

正解 (C)　that ⇒ where（関係詞）

● Chapter2 練習問題

訳

TOPIC 　賛成か反対か：将来の世代はよりロボットに依存するようになる
POINTS 　①効率性　②費用　③人工知能　④労働力不足　⑤雇用　⑥高齢化社会

　近年，ロボットがますます普及してきた。それでも，私は将来の世代がロボットにさらに依存するようになるとは思わない。
　第1点は，ロボットと人間を利用することの相対的費用に関係する。ロボットは購入と維持に多大な費用がかかる。しかし，中国やインドの成長に見られるように，人間の労働力が非常に安い場所はまだ数多い。
　ロボットに反対するもう1つの点は，ロボットを利用することは人間の雇用が減少するにほかならないことである。豊かな国で失業が増えると，その国の人件費は下がる。そのような状況でロボットに投資するのは，経済的に合理的とは言えそうにない。
　最後に，ロボットを使うのは効率的でない。ロボットがいかに精巧になるにしても，ロボットを作った人間より精巧になることは決してない。したがって，自分で考えて新しい状況に素早く対応できる人間を使うことが常により効率的である。
　全体的に見て，人間がロボットに依存するようになる可能性は極めて低いように私には思える。特に危険を伴う仕事など，一部で利用することは良い考えであるが，人間の労働者を犠牲にしてロボットを利用するべきではない。

解説

　テクノロジーの是非に関する TOPIC は過去にも出題されている。賛否どちらの立場でも論じられるように準備しておくことが有効である。このエッセーは，「ロボットの利用が普及している」と認めながらも，「今後これ以上依存することはない」という主旨である。
　使っている POINTS は，②「費用」，⑤「雇用」，①「効率性」の3つ。それぞれロボットと人間を比較しながら，人間の優位性を一貫して述べている。1点目では，ロボットが高額であるのに対して，人件費はまだまだ安いことを説明している。2点目では，ロボットの使用によって人間の仕事が奪われることを論じている。確かに研究開発，製造維持などでは多くの雇用を生み出す反面，ロボットが広く実用化されると，特に単純労働者の大量失業につながる可能性がある。3点目では，効率面においてロボットは人間に勝ることはないと主張している。「ロボットを使うのは効率的でない」との Topic Sentence の後，「ロボットを製作した人間を超えることはない」と説明した上で，どのような点で人間の方が効率的なのかが具体的に書かれている。基本的な Body の作り方と言えるだろう。
　Conclusion では，再度主張を確認している。「危険な仕事などでの利用は有効」と譲歩を見せながらも，人間に取って代わることはないと締めくくっている。

解答例 B ● Positive　　　　　　　　　　03-B

　　Robots have developed dramatically over the past few decades. I strongly agree that future generations will become more dependent on robots for a number of reasons.

　　One of them is that in the future the problem of <u>labor shortages</u> is likely to worsen. Already in most advanced societies, the birthrate is falling. As the supply of workers dries up, society will need to turn more and more to robots to make up the shortfall.

　　Another reason is the increasing sophistication of <u>artificial intelligence</u>. The rapid development of smaller and more efficient computers means that robots are becoming more capable of doing tasks that once only human beings could do.

　　A third factor is the problem of <u>aging societies</u>. As human beings come to live longer, they will need robots to carry out the physical labor that is impossible for older people. Robots are much stronger than human beings and so they will be ideally suited to act as servants and caretakers for old people.

　　In view of the above, I think that we can say with confidence that future generations will come to depend heavily on robots. This, however, will lead to a better quality of life as people are freed from tedious or dangerous work.

(206 words)

ミニクイズ 気をつけたい文法

One of <u>the reasons</u> is that in the future the problem of <u>labor shortages</u>
　　　　　(A)　　　　　　　　　　　　　　　　　　　　　　　　　　　(B)
<u>are</u> likely to <u>worsen</u>.
(C)　　　　　(D)

正解（C）　are ⇒ is（主語・動詞の一致）

Chapter2 練習問題

訳

　ロボットはこの数十年で著しい発展を遂げた。幾つかの理由から、将来の世代がロボットにより依存するようになることに私は強く同意する。

　理由の1つは、今後労働者不足の問題が悪化する可能性が高いことである。既にほとんどの先進社会において、出生率は低下している。労働者の供給が枯渇すると、その不足分を補うため、社会はますますロボットに頼る必要がある。

　もう1つの理由は、人工知能のさらなる精巧化である。より小型でより効率的なコンピューターの急速な開発は、かつては人間にしかできなかった作業をロボットがどんどんできるようになっていることを意味する。

　3つ目の要因は、高齢化社会の問題である。人間が長生きするようになると、高齢者には不可能な肉体労働を行うロボットが必要となる。ロボットは人間よりもはるかに力が強いので、高齢者のお手伝いさんや介護者の役割を果たすにはふさわしいだろう。

　上記のことを考慮すると、将来の世代はロボットに大きく依存するようになると確信を持って言えると思う。しかし、人々は退屈な仕事や危険な仕事から解放されるのだから、これは生活の質の向上につながるだろう。

解説

　Introduction で、「今後さらにロボットが活用される」との見解が示されている。その後の Body では POINTS から④「労働力不足」、③「人工知能」、⑥「高齢化社会」の3点が取り上げられ、バランスよく論じられている。

　1点目は、労働者不足をロボットが補ってくれるとの主張。第2パラグラフの第2文で in most advanced societies という表現が使われていることに注目したい。in Japan などと日本に限った話題にするのではなく、このように「ほとんどの先進社会では」とすることで、世界で一般的な傾向と捉えることができる。TOPIC となっているロボット技術がそもそも先進国を中心に発展していることを考え合わせると、適切かつ安全な書き方と言える。

　ロボットの効率性に関しては批判もあるが、2点目として、人工知能の進化により効率が向上していると論じている。さらに3点目として、POINTS から「高齢化社会」を使い、家庭での介護用ロボットを例に挙げている。このほかにも、POINT の内容によっては、危険を伴う災害現場での救助作業を行うロボットや、人間が入れないスペースでの活躍が期待できる小型ロボットなども例として挙げることができるだろう。

　最終パラグラフでは、主張を再確認した後で、ロボットの利用は生活の質も向上させるとの1文が加えられている。首尾一貫してロボットの有効活用を述べてきた最後にふさわしい締めくくり方である。

Unit 4 国際

目標時間 **25分**

- Write an essay on the given TOPIC covering three of the POINTS below.
- Structure: Three or more paragraphs, including an introduction and conclusion
- Length: Around 200 words
- Write your essay in the space provided on your answer sheet. <u>Any writing outside the space will not be graded.</u>

TOPIC

Agree or disagree: Food shortages will be eliminated in the future

POINTS

- *Birthrate*
- *Population growth*
- *Genetically modified crops*
- *Economic development*
- *Globalization*
- *Climate change*

Write your English Composition in the space below.

解答例 A ● Negative　　　　　　　　　　　04-A

　　Although I would like to think food shortages will be eliminated, unfortunately I do not think this is possible. In fact, I believe they will be exacerbated in the future.

　　The biggest reason is <u>population growth</u>. In many developing countries, populations continue to grow. Moreover, these are the countries which find it most difficult to feed their own populations. Often, these food shortages are a result of cost rather than availability; there is food to be eaten, but poor people cannot afford the price.

　　Furthermore, the economic growth associated with <u>globalization</u> in countries such as India and China is likely to affect poorer countries adversely. As countries develop, they begin to import more food. Poorer countries will find that the costs of basic foodstuffs are impossibly high.

　　Another reason is <u>climate change</u>. Because of climate change, many areas which have been fertile sources of food are likely to experience floods, droughts or other types of extreme weather. Farms will become barren wastes. As a result, the global supply of food is likely to diminish.

　　For these reasons, I believe food shortages, far from being eliminated, are likely to grow worse. It is important for governments to begin to act quickly to address these problems before they become even more serious.

(210 words)

Chapter2 練習問題

> **訳**
>
> **TOPIC** 賛成か反対か：食料不足は将来解消される
> **POINTS** ①出生率 ②人口増加 ③遺伝子組み換え作物 ④経済発展 ⑤グローバル化 ⑥気候変動
>
> 　食料不足は解消されると考えたいところだが，残念ながらこれが可能であるとは思わない。それどころか，食料不足は今後悪化すると私は考える。
>
> 　最大の理由は人口増加である。多くの発展途上国で人口は増加し続けている。その上，自国民への食料供給が最も困難なのはこれらの国である。しばしば，こうした食料不足は食料を入手できるかどうかよりもコストの結果として起きる。つまり，食べることのできる食料はあるのに，貧しい人たちはその値段を払えないのである。
>
> 　さらに，インドや中国といった国でのグローバル化に伴う経済成長は，貧困国に悪影響を及ぼす可能性がある。国が発展すると，食料の輸入量が増加する。貧困国にとって，基本的な食料品のコストがあり得ないくらい高くなってしまう。
>
> 　もう1つの理由は気候変動である。気候変動が原因で，豊かな食料源となっていた多くの地域が，洪水，干ばつやほかの種類の極端な天候に見舞われる可能性がある。農地は不毛な荒地になる。その結果，世界の食料供給は減少しそうである。
>
> 　これらの理由により，食料不足は解消されるどころか悪化する可能性が高いと私は考える。これらの問題がさらに悪化しないうちに対処するため，各国政府が早急に行動を開始することが重要である。

解説

　「食料不足は解消されず，今後悪化する」という立場で書かれたエッセーである。使用された POINTS は，②「人口増加」，⑤「グローバル化」，⑥「気候変動」の3つ。

　1点目として，発展途上国における人口増加を挙げている。多くの先進国で少子化が問題になっているのとは対照的である。解答例のように，人口が増加することで確かに食料不足が予想されるが，反面将来的な労働力が確保できるという側面も押さえておくと，ほかのテーマで使うことができるだろう。

　2点目のグローバル化についても，国際間の取引が容易になることで，貧困国への食料分配が改善されることも考えられる。ここまでの2つの POINTS は，このように Agree/Disagree のいずれでも使うことができる。

　最後の気候変動は，頻繁に POINTS に取り上げられている。ここでは，気候変動によりこれまでのように作物が育たなくなり，食料不足につながるとの裏付けが示されている。

　Conclusion の最終文は，政府への提言となっている。act quickly to address these problems（早急にこれらの問題に取り組む），take appropriate measures（適切な手段を講じる）などは，締めくくりに使える便利な表現として覚えておくとよい。

解答例B ● Positive

Today, food shortages continue to affect many people. I agree, however, that food shortages will be eliminated in the future for various reasons.

One of these is that over the past few decades many countries, including highly populated ones such as China and India, have experienced rapid economic development. One development associated with industrialization is the increasing efficiency of food production. As the population moves into cities for work, the farms left behind become more efficient and productive.

Thanks to recent developments in biotechnology, many new genetically modified crops have been developed. These are often disease-resistant and more productive. As a result, crop production is likely to grow dramatically. Moreover, many genetically modified crops are designed to be grown in areas with a small amount of rainfall. These crops will ensure that far more land will be available for food production in the future.

Finally, experts predict that the world's birthrate will peak in a few years. After that, it will steadily shrink. As it does so, the amount of food needed to feed the human race will decrease.

For these reasons, food shortages will become a thing of the past. Nevertheless, it is important to take steps now to help the many hungry people in the world.

(208 words)

Chapter2 練習問題

訳

　今日，食料不足は多くの人々に影響を及ぼし続けている。しかし，私はさまざまな理由から，将来食料不足は解消されるということに同意する。

　理由の1つは，過去数十年にわたって，中国やインドのような人口の多い国を含む多くの国が急速な経済発展を遂げていることである。工業化と関連する発展の1つは，食料生産の効率が向上することである。人々が仕事を求めて都市に移動すると，残された農場はより効率的でより生産的になる。

　近年のバイオ技術の発達のおかげで，多くの新しい遺伝子組み換え作物が開発されている。これらの作物は病気に耐性を持つことが多く，生産性も高い。その結果，作物生産高は飛躍的に増える可能性がある。さらに，多くの遺伝子組み換え作物は降水量の少ない地域で育つように作られている。これらの作物によって，将来的にはさらに多くの土地が確実に食料生産に利用できるようになる。

　最後に，世界における出生率は数年後にピークを迎えると専門家は予想している。その後は，出生率は着実に低下していく。出生率が低下すれば，人類を食べさせるために必要な食料の量は減ることになる。

　これらの理由から，食料不足は過去のものとなる。そうは言っても，世界の多くの飢えた人々を助けるため，今すぐ対策を講じることが重要である。

解説

　現在の食料不足の実態を認めた上で，「将来は解消される」との立場を取っている。Introduction の第2文で，... for various reasons. と次の Body のパラグラフにつなげている。理由は3つ挙げられるので，... for the following three reasons. としてもよいだろう。読み手にとっては「これから3つ理由が示される」とのプレビューとなり，読み進めやすくなる。

　1点目の理由は，④「経済発展」に伴う生産性の向上。2点目は，③「遺伝子組み換え作物」による生産量の増加。遺伝子組み換え作物はよく出題されるので，その pros and cons（賛否）を必ずまとめておくこと。ここでは利点として，病気に強い点と気候変動に影響されない点に触れている。そのほかのメリットとしては，除草剤に対する耐性，害虫に抵抗性を持つことによる農薬散布量の抑制，収穫後の保存性などがある。逆に問題点としては，人体への安全性や生態系への影響，また一部の企業が全世界の食料を独占支配する可能性などがある。3点目の理由として①「出生率」を取り上げ，世界の出生率は近い将来減少傾向に転じるので，必要な食料量が減少すると論じている。

　Conclusion の書き出しは For these reasons, としており，TOPIC の will be eliminated を will become a thing of the past と巧みに言い換えている。まとめの最終文もぜひ参考にしたい。

Unit 5 環境

目標時間 **25分**

- Write an essay on the given TOPIC covering three of the POINTS below.
- Structure: Three or more paragraphs, including an introduction and conclusion
- Length: Around 200 words
- Write your essay in the space provided on your answer sheet. <u>Any writing outside the space will not be graded.</u>

TOPIC
Does the world need to promote the use of renewable energy?

POINTS
- *Investment*
- *Costs*
- *Natural resources*
- *Nuclear energy*
- *Global warming*
- *Developing countries*

Write your English Composition in the space below.

解答例A ● Negative

🔊 05-A

　　Although the development of renewable energy sources, such as solar power or wind power, is obviously a good thing, there is no need for governments to artificially promote their use.

　　At present, except in special circumstances, most renewable energy sources <u>cost</u> more than conventional fossil fuels or nuclear power. For this reason, it does not make economic sense to promote their use. As long as the alternatives are cheaper, they should be used.

　　This is especially true for <u>developing countries</u>, which lack the funds to make use of expensive renewables. These countries can only develop if they use the cheapest fuels available, such as coal. Later, when their economies have successfully developed, they can turn to greener forms of energy.

　　For the wealthy countries, the most practical way to cut down on CO_2 emissions remains the use of <u>nuclear energy</u>. Governments should put their funds into finding ways to process spent nuclear fuel more safely and economically, rather than investing in impractical renewables.

　　For these reasons, I believe that it is unnecessary to promote the use of renewable energy. When renewable sources of energy become economically viable, the world will turn to using them without any special promotion of their use by governments.

〈203 words〉

● Chapter2 練習問題

訳

TOPIC　世界は再生可能エネルギーの利用を推進する必要があるか
POINTS　①投資　②コスト　③天然資源　④原子力　⑤地球温暖化　⑥発展途上国

　太陽光や風力のような再生可能エネルギー源の開発は明らかに良いことだが，政府が人為的にそれらの利用を促す必要はない。

　現在のところ，特殊な状況を除けば，ほとんどの再生可能エネルギー源は従来の化石燃料や原子力よりもコストがかかる。この理由で，再生可能エネルギー源の利用推進は経済的に賢明ではない。ほかの選択肢の方が安い限り，それらを利用するべきである。

　これは特に発展途上国に当てはまる。発展途上国は高価な再生可能エネルギーを利用する資金を持たない。これらの国は，石炭のような手に入る最も安い燃料を利用することによってのみ発展できる。将来的に経済発展が達成された際に，より環境に優しいエネルギー形態へと移行すればよいのである。

　豊かな国にとって，二酸化炭素排出量を削減する最も現実的な方法は，やはり原子力の利用である。政府は，非現実的な再生可能エネルギーに投資するより，使用済み核燃料をより安全かつ経済的に処理する方法を見つけることに資金を投じるべきである。

　これらの理由により，再生可能エネルギーの利用を推進する必要はないと私は考える。再生可能エネルギー源が経済的に実現可能になれば，政府が特にそれらの利用を推進することがなくとも，世界はそれらを利用するようになる。

解説

　環境問題と密接な関係のある再生可能エネルギーも，ぜひ押さえておきたいテーマである。ここでは「再生可能エネルギーを推進する必要がない」との立場を取っている。

　1点目として，②「コスト」の面で採算が取れないと述べている。make economic sense（経済的に理にかなっている）は覚えておくと便利な表現である。環境面を考えると再生可能エネルギーは有益だが，現状ではコスト面が弱点と言える。

　続くパラグラフでは，⑥「発展途上国」での利用について論じている。貧しい国が発展するためには安価なエネルギー利用が唯一の方法だという考えには説得力がある。経済発展の後，環境に優しいエネルギーへと転向すればよいという説明を続けている。green（環境に優しい）と併せて，同じ意味の environmentally friendly も使えるようにしておくとよい。

　また，3点目では④「原子力」に目を向けている。地球温暖化が問題になっている現在，CO_2 の排出量を減らすには原子力発電が有効とされている。安全性についての議論もあるが，ここではその安全性向上に投資すべきと論じている。

　Conclusion では，再び「再生可能エネルギーの使用を推進する必要はない」と述べている。「経済的に実現可能になれば」再生可能エネルギーは自然に利用されるとまとめており，Introduction での「人為的に推進する必要がない」という見解と一致している。

解答例 B ● Positive 05-B

The need to reduce our dependence on fossil fuels has become clearer and clearer. In my opinion, the world urgently needs to promote the greater use of renewable forms of energy such as solar power.

The most obvious reason is the threat of global warming. Evidence of the catastrophic effect that global warming is having on biodiversity and on environment is increasing all the time. Unless the present use of fossil fuels is drastically reduced, global warming will simply increase in the future.

The use of renewable energy should also be promoted because reserves of natural resources such as oil and coal will eventually run out. Moreover, the ever more extreme forms of mining and drilling being employed to get at scarce reserves of oil and gas are also doing great harm to the natural environment.

The important thing is for governments to invest more money in greener renewables. The more money governments invest, the cheaper renewables will become. Once prices start falling, industry will naturally switch to these more environmentally friendly forms of energy.

For all these reasons, the use of renewables should be promoted. We should waste no time in making the transition from an economy based on carbon fuels to one based on renewables.

(207 words)

● **Chapter2 練習問題**

> 🟦 **訳**
>
> 　化石燃料への依存を減らす必要があることはますます明らかとなっている。私の意見では，世界は太陽光のような再生可能なエネルギー形態の利用拡大を緊急に推進する必要がある。
> 　最も明白な理由は地球温暖化の脅威である。地球温暖化が生物多様性や環境に壊滅的な影響を与えていることを示す証拠は常に増えている。現在の化石燃料の使用量が大幅に減らなければ，地球温暖化は今後も間違いなく進む。
> 　また，石油や石炭のような天然資源の埋蔵量がいつかは尽きることからも，再生可能エネルギーの利用が促進されるべきである。さらに，乏しい埋蔵量の石油やガスに到達できるように採用されているこれまで以上に極端な採掘法や掘削法も，自然環境に大きな害を及ぼしている。
> 　重要なのは，各国政府がより環境に優しい再生可能エネルギーにもっとお金を投資することである。政府がもっとお金を投資すれば，再生可能エネルギーは安くなる。ひとたび価格が下がり始めれば，産業界は当然これらのより環境に優しいエネルギー形態に転換するだろう。
> 　これらの理由により，再生可能エネルギーの利用は推進されるべきである。一刻も無駄にすることなく，炭素燃料に基づく経済から再生可能エネルギーに基づく経済へと移行するべきである。

🟩 **解説**

　「再生可能エネルギーの利用を推進するべきである」という立場を取っている。先の Negative の解答例では費用面を裏付けとして前面に押し出していたのに対して，この Positive の解答例では⑤「地球温暖化」の脅威と③「天然資源」の枯渇の2つを大きな裏付けとしている。地球温暖化を食い止めるためには再生可能エネルギーへの移行が必要であり，そもそも石油や石炭などの天然資源は将来の確保が難しいと展開している。
　ところが，現状では再生可能エネルギーのコスト高は否定できない。そこで，3点目の POINT として，政府による①「投資」の重要性を強調している。投資額が増えて再生可能エネルギーの生産が増加すれば自然に価格が抑えられ，その結果さらに広く使用されるようになると展開している。
　Conclusion では主張を再度確認している。Introduction では TOPIC のとおり needs to promote と表現していたところを，Conclusion では受動態にし，さらに強い主張として should be promoted と書き換えていることに注目したい。続く最終文で We should waste no time in ... とまとめている。ほかにも，Governments should take immediate action to ... / Appropriate measures should be taken to ... など，まとめの1文に使えそうなフレーズを準備しておくと，迷わず落ち着いてエッセーを締めくくることができるだろう。

Unit 6 医療

目標時間 **25分**

- Write an essay on the given TOPIC covering three of the POINTS below.
- Structure: Three or more paragraphs, including an introduction and conclusion
- Length: Around 200 words
- Write your essay in the space provided on your answer sheet. <u>Any writing outside the space will not be graded.</u>

TOPIC

Agree or disagree: Governments should spend more money on research in the field of regenerative medicine

POINTS
- *Guidelines*
- *Ethics*
- *Organ transplants*
- *Research funding*
- *Gap between rich and poor*
- *Incurable diseases*

Write your English Composition in the space below.

解答例A ● Negative

🔊 06-A

These days, we hear more and more about the new field of regenerative medicine. However, I feel that we should hesitate before deciding to spend more money on its research.

For one thing, regenerative medicine, like other aspects of biotechnology, raises many difficult <u>ethical issues</u>. Although growing organs in a laboratory in order to replace faulty or diseased ones sounds like a good thing, allowing people to keep replacing their organs so as to live longer and longer may be questionable.

A related question is the <u>gap between the rich and the poor</u>. Regenerative medicine will be extremely expensive, so only very wealthy people will be able to benefit from it. Moreover, spending money on this research will take funding away from other, simpler forms of medical research.

First of all, a debate that will lead to clear <u>guidelines</u> regarding what is and is not ethically permissible in medical research should be held. Once this is done, research can proceed. Without such clear guidelines, research in this area may do more harm than good.

In this sense, I think it is too early for us to begin to allocate more resources to this area of research. When a consensus has been reached, though, such research should be encouraged.

(208 words)

ミニクイズ 気をつけたい文法

Allowing people <u>to keep</u> <u>to replace</u> their organs <u>so as to</u> live longer and
　　　　　　　　(A)　　　　(B)　　　　　　　　　　(C)
longer <u>may be questionable</u>.
　　　　　　(D)

正解（B）　to replace ⇒ replacing（動詞の形）

Chapter2 練習問題

> **訳**
>
> **TOPIC**　賛成か反対か：政府は再生医療分野の研究にもっとお金を費やすべきである
> **POINTS**　①指針　②倫理　③臓器移植　④研究資金　⑤貧富の格差　⑥不治の病
>
> 　最近，再生医療という新たな分野について耳にする機会がますます増えている。しかし，その研究にさらにお金を費やすと決める前に，立ち止まって考えるべきだと私は感じる。
> 　1つには，バイオ技術のほかの側面と同様，再生医療は多くの難しい倫理上の問題を提起する。欠陥のある臓器や病気の臓器と取り替えるために研究室で臓器を育てるのは良いことのように思えるが，寿命をどんどん延ばせるように臓器を交換し続けるのを許すことは，疑問の余地があるかもしれない。
> 　関連する問題に貧富の格差がある。再生医療は極めて高額になるので，その恩恵を受けることができるのは，とても裕福な人々だけである。さらに，この研究にお金を費やせば，ほかのもっと単純な医療研究の形態から資金を奪うことになる。
> 　何よりもまず，医療研究において何が倫理上許され何が許されないのかに関する明確な指針につながる議論が行われるべきである。これがなされて初めて，研究は継続され得る。そうした明確な指針がなければ，この分野の研究は有害無益かもしれない。
> 　このような意味で，この研究分野により多くの資金を割り始めることは時期尚早だと私は考える。しかし，合意が得られた際には，こうした研究は推し進められるべきである。

> **解説**

　医療分野は英検1級の読解問題での頻出テーマとなっている。近年問題となっている高齢化にも関連することから今後も注目される。ここでは「賛成か反対か：政府は再生医療分野の研究にもっとお金を費やすべきである」というTOPICに対して，「その前に解決すべき問題があり，時期尚早である」との考えを明らかにしている。

　1つ目の理由として，②「倫理」面での問題を挙げている。延命目的で再生医療を利用するのは倫理上正しくないとの見解である。2点目として，⑤「貧富の格差」による不平等について述べている。裕福な人々のみが恩恵を受ける状況では，その研究に資金を投じるのは正当化されない。それによって通常医療の研究費用が削減されることも加えている。Negativeで解答する際には，「もっと優先すべきことがある」という議論が可能であることを覚えておくとよい。例えば宇宙開発（space exploration）の是非を問われた場合などにも，もっと貧困層に目を向けるべきだという理由で反対することができる。3点目は，まず①「指針」を設けた上で研究を進めるべきとの内容を論じている。

　Conclusionでは，改めて主張を確認している。TOPICの spend more money を allocate more resources に言い換えている。時期尚早としながらも，議論で合意が得られれば研究を進めるべき，と将来に向けた希望で締めくくっている。

解答例B ● Positive　　06-B

　　The field of regenerative medicine is one of the most exciting new areas of medical research and public funding of this research should definitely be increased.

　　One reason is that this field offers the promise of cures for many kinds of <u>diseases which at present are incurable</u>. For those suffering from these diseases and their families, this kind of research offers great hope.

　　Another is that the field promises to solve many of the moral issues bound up with the present system of <u>organ transplants</u>. Regenerative medicine involves growing organs from stem cells in laboratories. If this becomes possible, the present need for donors would disappear. In particular, difficult decisions about when to declare a potential donor dead would not arise.

　　At present, regenerative medicine receives relatively little <u>research funding</u> from the government. However, without funding, the field is unlikely to realize its potential. Moreover, if funding is left to private businesses, it will be guided by a search for profit, rather than by a clear assessment of medical needs.

　　For all these reasons, I believe that it is very important that governments make a decision to spend more money on regenerative medical research.

(194 words)

※ミニクイズ　気をつけたい文法

At present, regenerative medicine receives relatively few research
　(A)　　　　　　　　　　　　　　(B)　　　　(C)　　(D)
funding from the government.

正解（D）　few ⇒ little（不可算名詞）

Chapter2 練習問題

> **訳**
>
> 　再生医療の分野は医学研究の最も刺激的な新分野の1つであり、この研究への公的資金は当然増やされるべきである。
>
> 　1つの理由は、この分野が、目下のところ不治である多くの種類の病気の治癒を約束するものであることである。これらの病気に苦しむ人たちやその家族に、この種の研究は大いに希望を与えてくれる。
>
> 　もう1つの理由は、この分野が、現在の臓器移植制度と密接に関連する道徳上の問題の多くを解決すると期待されることである。再生医療では研究室で幹細胞から臓器を育てる。これが可能になれば、現在の臓器提供者の必要はなくなる。特に、臓器提供候補者にいつ死を宣告するかという難しい決断は生じなくなる。
>
> 　現在、再生医療は政府から比較的わずかな研究資金しか受け取っていない。しかし、資金がなければ、この分野はその可能性を実現できそうにない。さらに、資金が民間企業に委ねられれば、この分野は医療の必要性の明確な評価ではなく、利益追求によって導かれることになる。
>
> 　これらの理由により、各国政府が再生医療研究のためにもっとお金を費やす決断をすることは非常に重要だと私は考える。

> **解説**

　冒頭では、「再生医療は最も刺激的な新分野の1つである」という一般論を述べた上で、「政府は再生医療の分野にもっと資金を投じるべきである」との立場を表明している。その裏付けとして使われているPOINTSは⑥「不治の病」、③「臓器移植」、④「研究資金」の3つ。

　1点目として、現在治療法のない不治の病であっても、再生医療によって治療の可能性が期待できる点を挙げている。患者本人の幹細胞から臓器を作るので、拒否反応などの心配もなく、治癒の可能性が飛躍的に高くなることに触れてもよいだろう。

　2点目では、臓器移植に関する問題点を具体的に述べている。需要に対し供給が少ないこと、臓器が適合する可能性が低いこと、未成年者の臓器提供を認めるべきかなど、臓器移植には解決すべき問題が多い。ここでは、臓器提供者の死の判定という難しい問題を取り上げている。こうした問題が再生医療で解決できるとする点は大きなアピールになる。

　最後の点として、民間企業が資金を提供するのではなく、政府が研究費を負担することが必要だと強調する。ここまで再生医療の利点について述べた上で、公的資金を投じるべきとの論理は説得力がある。

　最終パラグラフの書き方に注目しよう。TOPIC は Governments should spend more money ... となっているが、ここでは it is very important that governments make a decision to spend more money ... とし、助動詞 should を it is important that の構文に置き換えている。that 節内は should が省略された形となる仮定法現在が用いられることに注意が必要である。

Unit 7 国際

目標時間 25分

- Write an essay on the given TOPIC covering three of the POINTS below.
- Structure: Three or more paragraphs, including an introduction and conclusion
- Length: Around 200 words
- Write your essay in the space provided on your answer sheet. Any writing outside the space will not be graded.

TOPIC
Will the world become more peaceful in the future?

POINTS
- *Population growth*
- *Globalization*
- *The Internet*
- *NGOs*
- *Terrorism*
- *Exploitation*

Write your English Composition in the space below.

解答例 A ● Negative　　　　　　　　　　　　　　07-A

My opinion is that the world will definitely not become more peaceful in the future. On the contrary, the world is likely to face an increasing number of armed conflicts.

An important factor in this increase will undoubtedly be the continuing growth of the population, especially in the developing world. As the number of people increases, resources grow more and more scarce. Even very basic resources, such as land and water, are already coming into short supply. In this situation, violent struggles over such resources are inevitable.

Moreover, huge multinational companies now employ cheap labor throughout the world. As people find themselves forced to work long hours for little pay, there will undoubtedly be increasing social conflicts. This will create unstable social conditions where civil wars, rebellions and other kinds of conflict become more common.

Acts of terrorism against wealthy countries, such as the United States, are likely to increase. This is because these countries will be increasingly resented by members of disaffected minorities. As the wealthy countries attempt to combat terrorism, they will likely become embroiled in yet more wars.

Unfortunately, for these reasons, it is hard to be optimistic about peace in the future. It is important that nations prepare themselves for such conflicts in the globalized future.

(210 words)

● Chapter2 練習問題

訳

TOPIC 　将来，世界はより平和になるか
POINTS 　①人口増加　②グローバル化　③インターネット　④非政府組織　⑤テロ
　　　　　　⑥搾取

　将来，世界がより平和になることは決してないというのが私の意見である。反対に，世界はさらに多くの武力紛争に直面する可能性が高い。
　紛争が増加する重要な要因が，特に発展途上世界で続く人口増加であることに疑いはない。人間の数が増えれば，資源はますます乏しくなる。土地や水のような非常に基本的な資源ですら，既に供給が不足してきている。このような状況では，そうした資源をめぐる暴力的な闘争は避けられない。
　さらに，今や巨大多国籍企業は世界中で安価な労働力を雇っている。人々がわずかな給料で長時間労働を強いられれば，必ず社会的対立が増加する。そうなれば，内戦や暴動，そのほかさまざまな紛争がより一般的になる不安定な社会状況が生まれることになる。
　米国をはじめとする豊かな国に対するテロ行為は増えるだろう。これらの国は，不満を持つ少数派の人々の怒りをますます買うことになるからである。裕福な国がテロと戦おうとすれば，さらに多くの戦争に巻き込まれるだろう。
　残念なことに，これらの理由により，将来の平和について楽観視することは難しい。グローバル化した将来におけるそうした紛争に諸国家が備えることが重要である。

解説

　このような大きなテーマが出題されると，日本人はとかく Yes の立場を取ることが多い。すると受験者が使用する POINTS も共通し，似たようなエッセーになる傾向がある。ここでは No の立場を取っている。もちろんどちらでも適切に論拠を示せばよいのだが，あえて少数派の立場で書くのも1つの作戦と言える。ユニークな意見は採点者に好印象を与えることが多い。
　Introduction では「将来世界は平和にならない」という主張が表明されている。その後 Body の1点目として，①「人口増加」⇒「資源不足」⇒「武力紛争」の流れを挙げている。2点目では，POINTS の⑥「搾取」を employ cheap labor と表現を変えている。発展途上国における低賃金労働や児童就労（child labor）は，ほかの TOPIC でも POINTS になる可能性が高い。普段から英語で表現できるように準備をしておくべきである。3点目として，⑤「テロ」がエスカレートする可能性を述べている。限られた語数の中で多くのことは書けないが，必要な内容がたった3文の中でコンパクトにまとめられている。ぜひ参考にしたいパラグラフである。
　Conclusion では，「世界は平和にはならない」という主張を it is hard to be optimistic about peace と言い換えて締めくくっている。

解答例B ● Positive   07-B

　　Although conflicts continue to occur in many parts of the world, the world as a whole has become more peaceful in recent years. I believe this process will continue.

　　The major reason for this is the growth of <u>globalization</u>. As world trade increases, not only do many countries grow economically, but more importantly they become economically interdependent. This means that, in the case of an international conflict, the countries involved stand to suffer economically.

　　Another reason is the spread of <u>the Internet</u>. In the past, people often supported wars because they were unaware of the extent of the suffering that wars involved. Now, thanks to the rise of global media, and the Internet in particular, people are aware of the horrors of war as they unfold.

　　Another aspect of globalization is the rise of international <u>NGOs</u>. These organizations are dedicated to helping people who are victims of war and other forms of oppression. Because of their high public visibility, they are able to have a powerful impact on global public opinion.

　　For the above reasons, I am confident that the world will become increasingly peaceful in the future. Nevertheless, this will only happen if we continue to make efforts to influence governments against resorting to warfare.

〈206 words〉

● Chapter2 練習問題

訳

　世界の多くの地域で紛争は起こり続けているものの，世界全体で見ると近年は以前より平和になっている。この過程は今後も続くと私は考える。
　この主な理由はグローバル化の拡大である。世界の貿易が増えれば，多くの国が経済的に発展するだけでなく，さらに重要なことに，経済的に相互依存するようになる。これは，国際紛争の場合には，関与する国々が経済的に損害を受ける可能性があることを意味する。
　もう1つの理由はインターネットの普及である。以前は，戦争に伴う悲惨さの規模を知らないが故に，人々は戦争を支持することが多かった。今では，世界的なメディア，とりわけインターネットの興隆のおかげで，人々は戦争の恐怖が繰り広げられる様子を知っている。
　グローバル化のもう1つの側面は，国際的な非政府組織の台頭である。これらの組織は，戦争やほかの形の抑圧の犠牲になっている人々の援助に力を尽くしている。非政府組織は一般の認知度が高いので，国際的な世論に大きな影響力を持つことができる。
　上記の理由により，世界は将来ますます平和になると私は確信している。ただしこれは，戦争に訴えることのないよう，私たちが各国政府に影響力を与える努力をし続けることで初めて可能になる。

解説

　Introduction では，「世界の多くの地域で紛争は起こり続けている」と譲歩した上で，「全体としては平和になってきており，今後もこの傾向が続く」と主張している。
　1つ目の理由として，②「グローバル化」による国際経済の相互依存を挙げている。紛争が起きると互いに経済的なダメージを受けるので，抑止力としての効果があると論じている。
　2つ目の③「インターネット」は，ほかの TOPIC でも POINTS になることが多い。インターネットが社会に与える影響などを英語で書けるように，普段から準備しておくとよいだろう。ここでは，情報の共有化を挙げている。戦争の悲惨さを知ることにより民意が変化するとの内容。一方では，政府や関係機関による情報操作も常に問題になっている。ネット上の情報が必ずしも真実とは限らない点も同時に押さえておくべきである。
　最後に④「非政府組織」の活動について述べている。例えば，ここで具体的な NGO の活動を例に挙げるのも効果的である。新聞や雑誌，あるいはテレビからの情報を盛り込むとさらに説得力が増す。名前が思い出せない場合には an NGO とし，その活動内容や世論への影響を紹介することもできる。
　Conclusion のパラグラフでは「世界はより平和になる」という主張を再度確認した上で，Nevertheless に続いて条件付きであることを示している。ほかの解答例にも見られるように，最後に今後の期待や課題などで締めくくると，余韻が残ると同時に読み手に考えさせる効果がある。

Unit 8 政治

目標時間 **25分**

- Write an essay on the given TOPIC covering three of the POINTS below.
- Structure: Three or more paragraphs, including an introduction and conclusion
- Length: Around 200 words
- Write your essay in the space provided on your answer sheet. <u>Any writing outside the space will not be graded.</u>

TOPIC

Agree or disagree: Electronic voting should be promoted

POINTS

- *Costs*
- *Security*
- *Efficiency*
- *Voting rate*
- *Generation gap*
- *Wrongdoing*

Write your English Composition in the space below.

解答例A ● Negative

08-A

　　The growth of the Internet has led to calls for electronic voting. I disagree with the promotion of such voting.

　　The biggest reason is that electronic voting cannot be made completely secure. In the case of elections, whether they are local or national, the principle of the secrecy of the ballot is extremely important. However, experience shows that websites can be easily hacked by determined experts. In such a case, the voting record of members of the public could be accessed.

　　Another related point is that it is impossible to be sure who is actually using an Internet account. If a person or a group were to get hold of the password or other personal details of voters, they could impersonate them and vote on their behalf. Such cases of identity theft could undermine public confidence in elections.

　　My final argument against electronic voting is the cost of establishing and maintaining such a system. These days, we often see software bugs causing the paralysis of large-scale systems such as those employed by banks. It is inappropriate for the government to spend large sums on electronic voting.

　　For these reasons, I do not think that electronic voting should be implemented. In fact, it should be limited to a few special cases.

(210 words)

Chapter2 練習問題

訳

TOPIC 賛成か反対か：電子投票は推進されるべきである
POINTS ①費用 ②安全性 ③効率 ④投票率 ⑤世代間格差 ⑥不正行為

　インターネットの拡大は，電子投票を求める声につながっている。私はそのような投票の推進には反対である。

　最大の理由は，電子投票を完全に安全にはできないことである。地方選挙であれ国政選挙であれ，選挙が行われる場合，投票の秘密保持の原則は極めて重要である。しかし，経験から明らかなように，ウェブサイトは専門家がその気になれば容易に不正侵入されてしまう。そうなれば，一般大衆の投票記録にアクセスされるだろう。

　これに関連する別の問題は，誰が実際にインターネットアカウントを使用しているのかを確認するのが不可能なことである。もし個人やグループが有権者のパスワードやほかの個人情報を入手するようなことがあれば，その人になりすまして代わりに投票することが可能である。そのような個人情報窃盗の事件は，選挙に対する国民の信頼を損ねることになる。

　電子投票に反対する私の最後の論点は，そのようなシステムの構築と維持にかかる費用である。最近では，ソフトウエアの不具合が原因で，銀行が採用しているような大規模システムが麻痺することが珍しくない。政府が電子投票に多額を費やすのは適切ではない。

　これらの理由により，私は電子投票を実施すべきではないと思う。むしろ，電子投票は一部の特殊な場合に制限されるべきである。

解説

　インターネットによる選挙活動や投票は自然の流れのように思われるが，問題点も多い。この解答例では反対の立場を取り，②「安全性」，⑥「不正行為」，①「費用」の観点から問題点を述べている。

　1点目の理由として，選挙の要とも言える機密性が電子投票により脅かされることを挙げている。the principle of the secrecy（秘密保持の原則）は使えるようにしておきたい表現である。2点目でも，それに関連するインターネットの弱点を指摘している。個人情報を入手すると「なりすまし投票」ができるという不正行為の具体例を挙げている点に説得力がある。ここでは impersonate, on *someone's* behalf などの表現を用いているが，これらが思い浮かばなければ，pretend などの動詞で簡単に説明することもできる。identity theft（個人情報窃盗）も覚えておくとよいだろう。

　3点目は費用についてである。電子投票の弱点を2つ述べた上で，多額の費用をかけるに値しないと論じることでさらに説得力が増す。POINTS を使う順番にもこのような工夫を加えると効果的である。

　Conclusion では Introduction で述べた主張を再確認している。限定的な使用にとどめ，推進の必要はないとの見解が書かれている。

解答例 B ● Positive

🔊 08-B

　　As the Internet has spread, it has started to be used for voting. I believe that electronic voting should be promoted.

　　The first point to consider is the generation gap in voting. These days, fewer and fewer young people bother to vote. However, young people love to use the Internet. In order to encourage more young people to participate in the elections, we should introduce electronic voting as soon as possible.

　　Another point is the voting rate in general. These days, people are often too busy to go to voting places and line up to vote. If they could vote over the Internet, they would not have to leave their homes or offices. This would encourage more people to take part in elections.

　　Finally, electronic voting would make it much easier to count the votes and to arrive at an electoral result. In conventional polling, votes need to be counted by hand and to be checked in the same way. This takes a great deal of time and energy. Using IT would allow this time and energy to be saved.

　　In sum, I believe that electronic voting is good for democracy and should be promoted. In this way, people's general interest in politics is certain to increase.

(207 words)

● **Chapter2 練習問題**

> 🈩 **訳**
>
> 　インターネットは，普及するに伴い投票に利用され始めている。私は電子投票は推進されるべきだと考える。
> 　最初に考慮すべき点は，投票における世代間の格差である。最近は，わざわざ投票所に足を運んで投票する若者がどんどん減っている。しかし，若者はインターネットを使うのが好きである。より多くの若者が選挙に参加するよう促すためには，できるだけ早く電子投票を導入するべきである。
> 　もう1つの点は，投票率全般である。最近は，投票所に行って投票するために並ぶには忙し過ぎる人が多い。もしインターネットで投票できれば，自宅やオフィスを離れる必要がなくなる。これは，より多くの人を選挙に参加するよう促すことになるだろう。
> 　最後に，電子投票により，開票と選挙結果の確定がずっと容易になるだろう。従来の投票では，票は手作業で集計され，同様にチェックされる必要がある。これは膨大な時間と労力を要する。ITを利用すれば，この時間と労力の節約が可能になるだろう。
> 　要するに，電子投票は民主主義にふさわしいものであり，推進されるべきだと私は考える。そうすることで，国民の政治に対する全般的な関心は確実に高まることになる。

> 🈔 **解説**

　電子投票に賛成の立場で書かれている。裏付けとしてBodyで使われているPOINTSは⑤「世代間格差」，④「投票率」，③「効率」の3点。このようなテーマには当然pros and cons（賛否両論）があるが，ここでは利点3点のみに絞っている。別のアプローチとしては，メリットとデメリットの両方を述べた上で，最終的にThe benefits outweigh the disadvantages.「メリットがデメリットを上回る」のような結論にまとめることも可能である。今後の出題が予想されるTOPICについては，日ごろからその一般的な利点と問題点を知識としてまとめておくと，本番で出題された際にも大いに役立つ。

　最初の2つのPOINTSは，いずれも投票率にかかわる。インターネットの利用により若年層の投票率アップが期待される。また，忙しい有権者も投票がしやすくなると述べている。

　3点目のPOINTであるEfficiencyはそのままの表現では書かれていないが，開票に要する時間と労力を節約できるという内容から，「効率」について述べているとわかる。

　Negativeの解答例では，電子投票システムの構築・維持にかかる「費用」を問題点として挙げていたが，一方Positiveの立場では，同じ「費用」を取り上げても，開票に必要な人件費を節約できると論じることもできる。多くのPOINTSは賛否いずれにも使用できる。書き始める前の準備段階で，どのPOINTSをどのように使うかをしっかり検討することが重要である。

Unit 9 ビジネス

目標時間 **25分**

- Write an essay on the given TOPIC covering three of the POINTS below.
- Structure: Three or more paragraphs, including an introduction and conclusion
- Length: Around 200 words
- Write your essay in the space provided on your answer sheet. <u>Any writing outside the space will not be graded.</u>

TOPIC

Agree or disagree: Outsourcing contributes to the sustained development of the global economy

POINTS

- *Technology transfer*
- *Unemployment*
- *Multinational corporations*
- *Labor costs*
- *Training*
- *Corporate culture*

Write your English Composition in the space below.

解答例 A ● Negative 🔊 09-A

I disagree with the claim that outsourcing contributes to the global economy. While it can be economically attractive in the short term, in the long term the negative consequences for all countries involved are too great.

Outsourcing generally leads to <u>unemployment</u> as it seeks to take advantage of the lower labor costs in other countries. This has the natural effect of leading to a hollowing out of industry in the wealthier country. As a result, consumption is depressed, leading to shrinking markets.

Outsourcing can also have a negative effect on <u>corporate culture</u>. A company depends for its success on the loyalty and commitment of its employees. When employees see colleagues losing their jobs to outsourcing, this has a negative effect on morale.

Moreover, once a company begins outsourcing overseas, it becomes a <u>multinational corporation</u>, locating production wherever costs are lowest. As soon as labor costs begin to rise, the multinational will shift production to another country where labor costs remain low. As a result, there will be few enduring benefits to anyone other than the shareholders and the executives of the company.

I cannot agree that outsourcing leads to the sustained development of the world economy. In fact, companies should be pressured by consumers to refrain from outsourcing.

(208 words)

✿ミニクイズ 気をつけたい文法

<u>In the long term</u> the <u>negative consequences</u> of outsourcing for all
　　(A)　　　　　　　　　(B)

countries <u>involving</u> <u>are</u> too great.
　　　　　　(C)　　　　(D)

正解（C）　involving ⇒ involved（分詞）

Chapter2 練習問題

> **訳**
>
> **TOPIC**　賛成か反対か：アウトソーシングは世界経済の持続的発展に貢献する
> **POINTS**　①技術移転　②失業　③多国籍企業　④人件費　⑤訓練　⑥企業風土
>
> 　私はアウトソーシングが世界経済に貢献するという主張に反対する。短期的には，アウトソーシングは経済的に魅力的かもしれないが，長期的には，関与するすべての国に与えるマイナスの結果が大き過ぎる。
> 　アウトソーシングは他国のより安い人件費を利用しようとするので，概して失業を生む。これは当然，より豊かな国に産業の空洞化を招く影響をもたらす。その結果，消費は落ち込み，市場は縮小する。
> 　また，アウトソーシングは企業風土にも悪影響を与え得る。企業の成功は，従業員の忠誠と献身にかかっている。同僚がアウトソーシングのせいで仕事を失うのを従業員が見れば，士気に悪影響をもたらす。
> 　さらに，いったん企業が海外にアウトソーシングし始めると，コストの最も安い国に生産拠点を置く多国籍企業になる。人件費が上がり始めると，すぐにその多国籍企業はまだ人件費が安い別の国に生産拠点を移す。結果的に，その企業の株主と幹部以外にとって恒久的なメリットはほとんどないことになる。
> 　アウトソーシングが世界経済の持続的発展につながるということに私は同意できない。むしろ，企業はアウトソーシングを慎むよう消費者から圧力をかけられるべきである。

> **解説**
>
> 　安価な労働力を利用するアウトソーシングは一見すると経済的に有利と思われるが，長期的な影響を考えて反対の立場を取っている。アウトソーシングする側の国への影響だけでなく，される側の国への影響についても述べている点に注目したい。
> 　1つ目は②「失業」について。アウトソーシングによって雇用が海外に移ることで失業者が増える。hollowing out of industry（産業の空洞化）は，アウトソーシングと密接に関係する現象として覚えておくこと。
> 　2つ目は⑥「企業風土」への影響。ここでは従業員の士気の低下について述べている。ほかには，言葉や宗教，文化の異なる人材を使うことにより，長く培われた伝統的社風が損なわれ生産性にも影響する，という論点も可能である。
> 　最後に，アウトソーシングされる側の国にも利点がないことを，多国籍企業の本質と合わせて述べている。多国籍企業は過去にも TOPIC で扱われていたことがある。今後も POINTS に使われる可能性があるので，長所・短所を簡潔にまとめておくとよいだろう。
> 　最終パラグラフでは，TOPIC の contributes to が leads to と言い換えられている。いずれも主語が「原因」，目的語が「結果」を表す表現である。

解答例B ● Positive　　　09-B

　　　Although outsourcing is often unpopular because of its short-term effects, it is actually beneficial for the world economy.

　　　Outsourcing is a natural result of the gap between <u>labor costs</u> in one country and another. In this sense, outsourcing production or services to another country where they can be performed more cheaply is just another example of the efficient use of labor. Eventually the labor that has been freed up by outsourcing will move to find work that is more profitable.

　　　Outsourcing is also good for the global economy because it usually involves <u>training</u> the cheaper workforce in other countries to perform new tasks. For instance, millions of workers in China and India have acquired state-of-the-art technology skills thanks to outsourcing.

　　　Finally, outsourcing can be a form of <u>technology transfer</u>. When large companies build factories in developing countries, of course, they take their own advanced technology to use there. In time, local companies will begin to produce similar technology themselves, thus contributing to the development of their own economies.

　　　For these reasons, outsourcing contributes to the development of the global economy. Moreover, as developing countries grow, they too will begin to outsource to even cheaper countries, thus continuing the development even further.

(201 words)

※ミニクイズ　気をつけたい文法

NGOs <u>are dedicated</u> <u>to help</u> people <u>who</u> are victims of war and <u>other</u>
　　　　(A)　　　　(B)　　　　　(C)　　　　　　　　　　　　(D)
forms of oppression.

正解（B）　to help ⇒ to helping（動名詞）

● Chapter2 練習問題

訳

　アウトソーシングは短期的効果しかないためしばしば評判が悪いが，実際には世界経済にとって有益である。

　アウトソーシングは，1つの国と別の国の人件費に差があることの当然の帰結である。この意味で，生産やサービスをより安く行える別の国にアウトソーシングすることは，労働力の有効活用の一例でしかない。最終的に，アウトソーシングによって自由化された労働力は，もっと利益を生む仕事を見つけようと移動することになる。

　アウトソーシングが世界経済に有益であるもう1つの理由は，アウトソーシングが一般的に他国のより安価な労働力を訓練して新しい作業を遂行できるようにすることを伴うことである。例えば，中国とインドの何百万もの労働者が，アウトソーシングのおかげで最新の技術のスキルを習得している。

　最後に，アウトソーシングは技術移転の1つの形態と言える。大企業が発展途上国に工場を建設する際には，当然その企業は先端技術を持ち込んで現地で利用する。やがて地元の企業が自ら同様の技術を生産するようになり，自国経済の発展に寄与する。

　これらの理由により，アウトソーシングは世界経済の発展に貢献する。さらに，発展途上国が成長すると，その国もまたさらに人件費の安い国にアウトソーシングし始め，発展をさらに続けることになる。

解説

　アウトソーシングが世界経済にとって有益であることを，POINTS から ④「人件費」，⑤「訓練」，①「技術移転」の3点を論拠として述べている。

　人件費については，労働力の有効活用であると述べている。Negative の解答例が「アウトソーシングによって国内で失業が生まれる」と論じているのとは対照的である。同じ現象について柔軟に正負両方の見方ができると，エッセーを書く際にスムーズに構成を組み立てられる。POINT をどちらにも使えるような発想練習をしておくことは有効である。

　2点目と3点目は関連した内容になっている。アウトソーシング先では先進国から訓練を受けるので，現地での人材育成につながる。さらに，先進国から最新の技術が持ち込まれることで，発展途上国の経済発展も期待でき，アウトソーシングされる側にとって有意義だと書かれている。

　Body の3つのパラグラフは，いずれも POINT を含む Topic Sentence に始まり，その後裏付けや説明となる Supporting Sentences が続く。シンプルな読みやすい英文で書かれているので，ぜひ参考にしてほしい。文法的に正しい文であっても，関係詞などを必要以上に使った複雑な構造の文は読み手にとって読みにくいものである。長い文も reader-friendly（読み手にとって読みやすい）とは言えず，印象はあまりよくないため避けるべきである。

Unit 10 環境

⏲ 目標時間 **25分**

- Write an essay on the given TOPIC covering three of the POINTS below.
- Structure: Three or more paragraphs, including an introduction and conclusion
- Length: Around 200 words
- Write your essay in the space provided on your answer sheet. <u>Any writing outside the space will not be graded.</u>

TOPIC
Should more be done to protect against natural disaster?

POINTS
- *Evacuation*
- *Research funding*
- *Technology*
- *Prediction*
- *Cooperation between industry and academia*
- *International cooperation*

Write your English Composition in the space below.

解答例 A　● Negative　　　　　　　　　🔊 10-A

　　Each time a natural disaster occurs, people naturally think that we should have done more to prepare for such an event beforehand. However, I believe that it is impossible for us to do more than we are doing now.

　　The most obvious thing to do is to improve our <u>prediction</u> of such things as earthquakes or volcanic eruptions. However, as such disasters are the result of not just one factor but many, a lot of experts now feel that accurate prediction is impossible.

　　Another aspect of prevention that people often call for is the improvement of <u>technology</u> warning people just before or when a disaster takes place. In fact, though, good technology already exists. For example, many countries have systems in place that use TV and radio to warn people to escape when a disaster occurs.

　　Moreover, in recent years, <u>international cooperation</u> has vastly improved. When a disaster strikes one part of the globe, other nations swiftly send specialized teams to help the people concerned, saving many lives that would otherwise have been lost.

　　For these reasons, we do not need to do more to protect ourselves. Natural disasters are by their nature unpredictable and we cannot expect never to be affected by them.

　　　　　　　　　　　　　　　　　　　　　(204 words)

Chapter2 練習問題

訳

TOPIC　自然災害を防ぐためにさらに多くのことがなされるべきか
POINTS　①避難　②研究費　③技術　④予知　⑤産学協同　⑥国際協力

　自然災害が起きるたびに，事前にそうした出来事に備えるためにもっと多くのことをしておくべきだったと人々は当然考える。しかし，私たちが今している以上のことをするのは不可能だと私は考える。
　するべき最も明白なことは，地震や火山噴火などの予知を向上させることである。しかしそうした災害は1つだけではなく，たくさんの要因の結果なのだから，正確な予知は不可能だと多くの専門家は今では感じている。
　人々がしばしば求める予防のもう1つの側面は，災害が起きる直前，もしくは起きたときに危険を知らせる技術の向上である。だが実際には，優れた技術が既に存在している。例えば，災害時にテレビとラジオを用いて人々に逃避するよう警告するシステムを多くの国が導入している。
　さらに近年，国際協力が大幅に進展している。世界のある地域が災害に見舞われると，被災者を支援するためにほかの国々が速やかに特殊チームを派遣し，派遣されなければ失われていただろう多くの命を救っている。
　これらの理由で，私たちは自分を守るためにこれ以上のことをする必要はない。自然災害は元来予測不可能なものであり，災害に見舞われることなど決してないと思ってはいけないのである。

解説

　「自然災害を防ぐためにさらに多くのことがなされるべきか」とのTOPICに対しては，多くの受験者は近年の災害を念頭に置きYesの解答を作成すると予想される。しかしここではあえてNoの立場を取り，「これ以上の対策は必要ない」「現在の対策で十分である」との結論に向け，3つのPOINTSを使いながら述べている。
　1点目として，災害の④「予知」は不可能であり，多くの専門家も予知を諦めていると論じている。2点目として，放送を用いた警報システムに言及し，既に優れた③「技術」が利用されている点を挙げている。ほかにも，最新技術を利用した災害時の迅速な人命救助や非常時のインフラ整備（病院の非常用電源など）を例に出してもよいだろう。
　3点目では，⑥「国際協力」に関しても既に体制が整っていると展開している。ここでもパラグラフはTopic Sentenceで始まり，具体例が続く。メディアで見聞きした情報などを例に挙げながら，効果的にまとめたいところである。
　Introductionではit is impossible for us to do more than ... と，「これ以上は不可能である」と述べていたが，Conclusionでは，これを再度確認し，災害は予測不可能であり，私たちは災害に襲われる覚悟をしておくことが必要だと締めくくっている。

解答例 B ● Positive   10-B

　　Before a natural disaster occurs, people usually feel that such a thing will never happen to them. Looking back on disasters such as the Tohoku Earthquake, I firmly believe that we should have done more to protect ourselves against such possibilities.

　　The most important thing is to increase <u>research funding</u> so that scientists can become better at predicting and warning about natural disasters. Although prediction is not easy, we should be able to get better at guessing when an earthquake or tsunami will occur after more research.

　　In this connection, more <u>cooperation between industry and academia</u> is essential. When flooding occurs, for example, the secondary damage caused by pollution from factories can affect a wide range of people. Academic researchers should consider these dangers and share their knowledge with companies involved in potentially dangerous activities.

　　Finally, the importance of early warning of imminent disasters so as to allow <u>evacuation</u> of populations has become more and more clear. If early warning can be provided of an approaching tsunami or typhoon, this would save many lives.

　　For these reasons, more should be done to protect people from natural disasters. Recent experience tells us that although natural disasters cannot be completely avoided, far more can be done to protect people against their consequences.

(210 words)

● Chapter2 練習問題

訳

　自然災害が起きる前には，そのようなことは自分には決して起きないと人々は普通思っている。東日本大震災のような災害を振り返ると，そうした可能性から身を守るためにもっと多くのことをしておくべきだったと私は強く考える。

　最も重要なのは，研究費を増やして，科学者が自然災害の予知と警告をもっとうまくできるようにすることである。予知は容易ではないが，さらに研究を重ねれば，地震や津波がいつ起きるのかをもっとうまく推測できるようになるはずである。

　これに関連して，さらなる産学協同が不可欠である。例えば洪水が起きると，工場からの汚染による二次災害は広範囲の人々に影響を与え得る。学術研究者はこれらの危険性を考慮し，潜在的危険を伴う事業に従事する企業との間で知識を共有するべきである。

　最後に，住民の避難が可能になるよう，差し迫った災害について早期に警報を出すことの重要性がますます明らかになっている。接近する津波や台風の早期警報を発令することができれば，多くの命が救われることになる。

　これらの理由により，人々を自然災害から守るためにもっと多くのことをするべきである。自然災害を完全に回避することはできないが，災害がもたらす結果から人々を守るためにはさらに多くのことをなし得ると最近の経験は教えている。

解説

　このTOPICの質問形式は，最近の出題ではDoes more need to be done to address Japan's low birthrate?（2012年度第3回）に近い。「～するためにさらに多くのことがなされるべきか」と問われているので，「もう十分である」または「まだ十分でない／もっとするべきことがある」のどちらかの解答となる。ここでは後者の立場を取り論じている。

　第1パラグラフでは，一般的な認識に言及しつつ現実と対比し，実際に起きた災害を教訓にwe should have done more「もっと多くのことをしておくべきだった」と反省している。つまり，TOPICに対し「さらに多くのことをする必要がある」とYesの立場で答えていることになる。

　Bodyでは，具体的にどのようなことをするべきなのかが，②「研究費」，⑤「産学協同」，①「避難」の3つの観点から述べられている。1点目として，研究費を増やすべきと主張し，その研究費をどのような内容に使うべきかが具体的に述べられる。できるだけ具体例を出すことが説得力を増す書き方のコツである。2点目として産学協同の重要性を挙げている。ここでも，どのような場合に産学協同が効果的なのかがわかりやすく論じられている。3点目として，早期警告による避難が多くの命を救うことが書かれている。

　最終パラグラフでは，自然災害を回避することはできないが，二次災害などについてはまだまだ被害を減らすためにできることが多くある，との見解を示し結論としている。

Chapter 3
模擬テスト

模擬1 　社会
模擬2 　国際
模擬3 　サイエンス

社会

- Write an essay on the given TOPIC covering three of the POINTS below.
- Structure: Three or more paragraphs, including an introduction and conclusion
- Length: Around 200 words
- Write your essay in the space provided on your answer sheet. Any writing outside the space will not be graded.

TOPIC

Agree or disagree: Women's social advancement leads to economic growth

POINTS
- *Education*
- *Business culture*
- *Family relationships*
- *Low birthrate*
- *Childcare*
- *Financial independence*

Write your English Composition in the space below.

解答例 A　● Negative　　　　　　　　　　　　　　　🔊 M1-A

　　I disagree with the statement. Although it is unfashionable to oppose anything that contributes to gender equality, in my view, the advancement of women has a negative effect on the economy.

　　One reason is that the more women work, <u>the less likely they are to have children</u>. As the birthrate declines, this gives rise to labor shortages and to a drop in consumption. Moreover, the declining number of young people leads to increasing rates of taxation in order to pay for the welfare costs of the elderly.

　　Another negative effect of women's social advancement is that, even when they do have children, it is necessary to provide <u>childcare</u> so that mothers can continue to work. This is a major cost to society. In the past, women looked after their own children for free.

　　Thirdly, <u>family relationships</u> could be damaged. Because fewer women want to marry, both men and women tend to stay with their parents even after they have become adults. This means they spend less on, for example, housing, leading to a general stagnation in the economy.

　　For these reasons, I believe that women's social advancement does not lead to economic growth. In the future, though, more young women may choose to marry and have children.

(207 words)

● Chapter3 模擬テスト

訳

TOPIC　　賛成か反対か：女性の社会進出は経済成長につながる
POINTS　①教育　②ビジネス文化　③家族関係　④低出生率　⑤保育　⑥経済的自立

　私はこの意見に反対である。男女平等に寄与する事柄に反対するのは時流から外れるが，私見では女性の進出は経済に悪影響を及ぼす。
　1つの理由は，女性がもっと働けば，子供を産まなくなるだろうことである。出生率が低下すると，労働力不足と消費の減少を引き起こす。さらに，若年層の減少は，高齢者の福祉費用を賄うために税率を上げ続ける結果をもたらす。
　女性の社会進出のもう1つの悪影響は，たとえ女性が子供を持ったとしても，母親たちが働き続けられるように保育を提供する必要があることである。これは社会にとって大きな負担である。以前は女性が無料で自分の子供の世話をしていた。
　第3に，家族関係が損なわれる。結婚したい女性が減っているので，男女とも，成人した後でも両親と同居する傾向がある。これは，彼らが例えば住居にあまりお金をかけないことを意味し，経済の全般的停滞を招く。
　これらの理由により，女性の社会進出は経済成長につながらないと私は考える。しかし，将来的には，より多くの若い女性が結婚して子供を持つことを選ぶかもしれない。

解説

　「女性の社会進出は経済に悪影響を及ぼす」と，あえて時流に逆らう立場を取ることを Introduction で明言している。このように，時代の風潮などに左右される必要はない。重要なのは，Agree/Disagree どちらの立場を取るかではなく，どちらの方が Body を作りやすいかである。このエッセーでは Disagree の立場を取り，④「低出生率」，⑤「保育」，③「家族関係」の3つの POINTS を選んでいる。
　1点目は，女性の社会進出が少子化につながるという内容。「女性の社会進出」⇒「出生率の低下」⇒「労働力不足と消費低迷」⇒「税率アップ」の流れが明快に書かれている。この矢印（⇒）に当たる動詞として，TOPIC にもある lead to と give rise to が使われている。ほかにも cause, result in, bring about なども因果関係を表す表現として使えるようにしておくと，エッセーを書く際に役立つ。
　2点目は，女性が出産し働き続ける場合の保育費用について。3点目では，「女性の社会進出」⇒「結婚したい女性の減少」⇒「両親との同居」⇒「消費低迷」という流れが書かれている。ここでも This means ... や lead to を使い，読み手にとっては整然とわかりやすい書き方がされている。
　Conclusion では，再度主張を確認した上で，今後は変化が見られるかもしれないとの予測を加えている。余裕があれば，このようなまとめの1文を加えたいところである。

解答例 B ● Positive 🔊 M1-B

　These days, more and more women work outside the home. I strongly believe that women's social advancement leads to economic growth.

　Society spends a great deal of money on <u>educating</u> and training women. Unfortunately, though, in the past, even highly educated women tended to drop out of the workforce. This represents a great waste of resources. The more women work, the more they provide a return on this investment.

　Another reason that women's advancement leads to economic growth is that it increases the <u>financial independence</u> of women. This independence encourages consumption, resulting in the development of new industries, such as spa businesses that cater to women.

　The main obstacle to women's social advancement has been the very conservative <u>business culture</u> that can be seen even in some developed countries like Japan. Women tend to be less competitive and more cooperative than men. As more women enter the workplace, the business culture is being changed. Many women employees are finding new business opportunities that have remained invisible to men up until now.

　As societies become post-industrial, the kinds of talents and skills that women can provide are becoming more important for economic growth.

(192 words)

Chapter3 模擬テスト

訳

　近ごろは，ますます多くの女性が社会に出て働いている。私は，女性の社会進出が経済成長につながると強く信じている。

　社会は女性の教育と訓練に大金を費やしている。だが残念なことに，過去においては，高い教育を受けた女性であっても労働力から離脱する傾向があった。これは資金の大変な無駄遣いである。働く女性が多いほど，女性はこの投資に報いることになる。

　女性の進出が経済成長につながるもう1つの理由は，女性の経済的自立が進むことである。この自立は消費を刺激し，女性の要求に応える温泉ビジネスのような新たな業界の成長につながる。

　女性の社会進出の主な障害となっているのは，日本のような一部の先進国ですら見られる非常に保守的なビジネス文化である。女性は男性よりも競争心が薄く，協調的な傾向がある。職場に加わる女性が増えるにつれ，ビジネス文化は変化している。これまで男性にはずっと見えていなかった新しいビジネスチャンスを，多くの女性社員が発見している。

　社会が脱工業化している中，女性が提供し得るタイプの才能とスキルは，経済成長にとってさらに重要になりつつある。

解説

　Introduction で，「女性の社会進出が経済成長につながる」という主張を表明している。その後の3つの Body パラグラフでは3つの POINTS を使いながら，なぜその結論に達するのかの裏付けがされている。

　まず1点目として，女性の①「教育」への投資が無駄になっていると述べている。ここでは waste of resources と表しているが，Women are likely to be underemployed.（女性は仕事で能力が十分に発揮されていないようである）などの表現も使うことができるだろう。また，第2パラグラフの最終文で，〈The ＋比較級，the ＋比較級〉（〜すればするほど，ますます〜）の構文が使われている。文章が単調にならないよう，文型にバリエーションを持たせる上で効果的である。

　2点目として，女性の⑥「経済的自立」について論じている。単なる消費拡大にとどまらず，新たな産業の発展可能性にも触れ具体性を持たせている。

　注目したいのが3点目の POINT である。ここでは②「ビジネス文化」を使っている。昔ながらのビジネス文化が女性の社会進出の障害となり，経済発展を阻害している，という Negative な意見にももちろん使うことができるが，このパラグラフのように，「ビジネス文化に変化が見られる」「もはや障害にはならない」と Positive な裏付けとしても使える。POINTS は常に柔軟に使えるようにしたい。

国際

目標時間 **25分**

- Write an essay on the given TOPIC covering three of the POINTS below.
- Structure: Three or more paragraphs, including an introduction and conclusion
- Length: Around 200 words
- Write your essay in the space provided on your answer sheet. Any writing outside the space will not be graded.

TOPIC
Do the benefits of designation as a World Heritage Site outweigh the disadvantages?

POINTS
- *Tradition*
- *Living environments*
- *Commercialization*
- *Economic effects*
- *Tourism*
- *Pollution*

Write your English Composition in the space below.

解答例 A ● Negative

Many countries strive to have famous sites of historic value or natural beauty designated as World Heritage Sites. However, in my opinion, being designated as such a site is not beneficial.

Certainly, gaining this designation will bring fame to an area, and it will immediately begin to attract many <u>tourists</u>. An increase in the number of visitors, while it may bring money to an area, will also lead to an increase in wear and tear. This means that becoming a World Heritage Site can actually lead to it being damaged.

Furthermore, the area will inevitably have to be <u>commercialized</u> to accommodate the influx of tourists. Hotels and restaurants will bring great profit, but will also upset the original beauty and atmosphere of the site.

Another likely problem will be an increase in <u>pollution</u>. As the number of cars in the vicinity grows, air pollution will get worse. While the convenience of car travel may bring a business boom, the site's very future may be threatened by the sudden influx.

In many cases, it seems to me that designation actually does more harm than good. It would be better for these sites if they do not become famous around the world.

(200 words)

Chapter3 模擬テスト

訳

TOPIC 世界遺産に指定されるメリットはデメリットを上回るか
POINTS ①伝統 ②住環境 ③商業化 ④経済効果 ⑤観光 ⑥汚染

多くの国は，歴史的価値や美しい自然を有する名所が世界遺産に指定されるよう懸命に努力している。しかし，私の考えでは，そのような場所に指定されることは有益ではない。

確かに，世界遺産に指定されれば地域には名声がもたらされ，たちまち多くの観光客を集めることになる。訪問者数の増加は地域にお金を落とすかもしれないが，一方で劣化がさらに進むことにもつながる。これは，世界遺産になることは，実際にはその場所がダメージを受ける結果になり得ることを意味する。

さらに，殺到する観光客を受け入れるため，地域は必然的に商業化せざるを得なくなる。ホテルやレストランは多大な利益をもたらすが，その場所に元々あった美しさや雰囲気を壊すことにもなる。

もう1つ予想される問題は，汚染の増加である。近隣の交通量が増えると，大気汚染が悪化する。自動車による移動の手軽さは商売繁盛をもたらすかもしれないが，突然の（観光客の）殺到によって，ほかならぬその場所の将来が脅かされるかもしれない。

多くの場合，指定は実際には利益よりも害をもたらすことが多いように私には思える。世界中で有名にならない方が，そうした場所には有益だろう。

解説

TOPIC は「世界遺産への指定は有益か」ではなく，「メリットはデメリットを上回るか」である。したがって，単に「有益である」「有害である」と論じるのではなく，メリットとデメリットを比較してどちらが「上回る」（outweigh）のかを論じなければならない。

解答例では，Introduction で「世界遺産指定は有益ではない」との主張が明らかにされている。使用されている POINTS は，⑤「観光」，③「商業化」，⑥「汚染」の3つ。それぞれのメリットを認めながらも，相対的に考えるとデメリットが上回るという内容が述べられている。1点目は，観光客の増加は地域を潤すが，遺産のダメージにもつながるという内容。2点目は，商業化は利益をもたらすが，地域の美しさや雰囲気を損ねることに言及している。3点目は，自動車を使う観光客の流入は商売には有益だが，大気汚染を招くと論じている。いずれもメリットを挙げながらも想定されるデメリットをより強調している。

outweigh を用いた TOPIC のエッセーには幾つかの書き方があるが，このように，それぞれの POINT の両面を挙げるのも1つの方法である。「～ではあるが，実際には～である」の形を基本とし，パラグラフ内で while, although, but, however, yet, still などを使いメリットとデメリットを対比させると，読み手の理解を容易にする。

Conclusion では，有益ではないという主張を再確認している。TOPIC の outweigh を does more harm than good と言い換えていることにも注目したい。

解答例 B ● Positive　　　　　　　　　　　　　　🔊 M2-B

　　I believe that being designated as a World Heritage Site is an excellent way to preserve important sites for future generations. While being designated may have some negative side effects, the good far outweighs the bad.

　　Sites of great natural or historic value are an important part of a country's <u>tradition</u>. They can often become symbols of the country and increase the national pride among citizens if they are given World Heritage status. When tourists see beauty in these sites, locals often view them with new respect.

　　Becoming a World Heritage Site also brings important <u>economic benefits</u>. In many countries, governments struggle to pay for the preservation of historical monuments. Increases in tourism bring money and jobs, which in turn provide local governments with money to improve and protect the sites.

　　It is true that an increase in tourism can cause many <u>problems for local communities</u>. Some tourists litter, which can damage heritage sites. Additionally, the increased automobile traffic can cause air pollution problems. However, the fact of being listed increases the amount of environmental protection a community may receive.

　　In conclusion, for local communities, to have their cultural and natural treasures designated as World Heritage Sites is an important step for preserving those places for generations to come.

(209 words)

Chapter3 模擬テスト

訳

　世界遺産に指定されることは，重要な場所を後世に保存するための極めて優れた方法だと私は考える。指定による悪影響も幾つかあるかもしれないが，益が害をはるかに上回る。

　自然的，歴史的に素晴らしい価値を持つ場所は，国の伝統の重要な一部である。それらは世界遺産の地位を与えられれば，しばしば国の象徴となり，国民の国への誇りを高めることになり得る。観光客がこれらの場所の美しさを目にするとき，しばしば地元住民は新たな敬意を持ってその場所を見ることになる。

　また，世界遺産になることは多大な経済的利益をもたらす。多くの国では，政府が史跡保存の費用を払うことに四苦八苦する。観光客の増加は収益と雇用を生み，それが結果的に，その場所を改善したり保護したりするための資金を地元自治体に与えることになる。

　観光客の増加が，地元社会に多くの問題をもたらすことがあるのは確かである。ごみを散らかす観光客もおり，遺産に被害を与えかねない。加えて，交通量の増加は大気汚染問題を引き起こすことがある。しかし，登録されることは，地域社会が受け取るかもしれない環境保護が増す。

　結論として，地元社会にとって，自分たちの文化的・自然的な宝が世界遺産に指定されることは，それらの場所を次世代のために保存する重要な一歩である。

解説

　Introduction では，TOPIC の the benefits を the good に，the disadvantages を the bad に言い換え，「世界遺産指定のメリットはデメリットを上回る」と主張している。Negative の解答例では，それぞれのパラグラフでメリット・デメリットの両面を述べているが，ここでは書き方が異なる。outweigh を含む TOPIC での別の書き方として参考にしてほしい。

　Body は3つのパラグラフから構成されている。1点目として，①「伝統」を挙げている。世界遺産に指定されることにより，国民は伝統に誇りを持つようになると論じている。さらに2点目では④「経済効果」について，観光客の増加により収益増が期待でき，今後遺産を維持する上でも有益であると述べている。この2点は世界遺産指定のメリットに言及している。3点目では，地元社会が抱えるだろうデメリットについて述べている。ごみ問題，交通量増加に伴う大気汚染など，②「住環境」の悪化が懸念されるとしながらも，最後に However とつなげて，指定されれば環境保護が強化されると論じている。つまり，メリットがデメリットを上回るとの論旨が改めて明らかにされる。

　outweigh を含む TOPIC では，メリットとデメリットを比較することが求められる。この解答例ではメリットを2点述べた後に3点目としてデメリットを挙げ，それでもメリットが上回るという書き方である。もちろん逆の意見であれば，最初にデメリットを2点挙げた後，メリットについて触れる展開も可能である。Yes/No Question の変形として，このような出題に対しても即座に対応できるように準備しておくとよいだろう。

サイエンス

目標時間 25分

- Write an essay on the given TOPIC covering three of the POINTS below.
- Structure: Three or more paragraphs, including an introduction and conclusion
- Length: Around 200 words
- Write your essay in the space provided on your answer sheet. <u>Any writing outside the space will not be graded.</u>

TOPIC
Does technology have a positive effect on environmental conservation?

POINTS
- *Deforestation*
- *Agriculture*
- *Global warming*
- *Pollution*
- *Biodiversity*
- *Renewable energy*

Write your English Composition in the space below.

解答例 A ● Negative

Believers in technology often claim that we can solve environmental problems through technological innovation, but I think this is wishful thinking.

In fact, technology itself is the prime cause of the <u>pollution</u> damaging the environment, and so it stands to reason that more technology will mean ever more environmental degradation. Moreover, each advance in technology, for example, in computers, leads to the older forms of technology being thrown away, thus causing further pollution.

In addition, <u>global warming</u> is now an urgent problem. Most of the new technology that we see runs on electricity. Burning fossil fuels to provide this ever-increasing supply of electricity is the chief cause of global warming.

The third point is that the world's growing population results in the need for more efficient <u>agriculture</u>. The application of technology to agriculture, however, while it does make farming more productive, will also lead to more and more energy-intensive farming. This in turn will give rise to greater environmental pollution and the depletion of the world's resources.

The idea that technology can solve environmental problems is one of the biggest reasons that environmental destruction simply worsens year by year. This is why I do not believe that technology can have a positive effect on environmental conservation.

(206 words)

Chapter3 模擬テスト

> **訳**
>
> **TOPIC** テクノロジーは環境保護に良い影響をもたらすか
> **POINTS** ①森林伐採 ②農業 ③地球温暖化 ④汚染 ⑤生物多様性
> ⑥再生可能エネルギー
>
> 　テクノロジーの信奉者は技術革新によって環境問題を解決できるとしばしば主張するが,これは希望的観測だと私は思う。
>
> 　実際には,テクノロジーこそが環境を破壊する汚染の最大の原因であり,したがって,これ以上のテクノロジーがさらなる環境悪化を意味するのは理の当然である。その上,例えばコンピューターの進歩のように,テクノロジーが進歩するたびに古い形式のテクノロジーが廃棄されることになり,さらなる汚染を生むことになる。
>
> 　加えて,地球温暖化が現在緊急課題となっている。私たちが目にする新しいテクノロジーのほとんどは電気で動く。増え続ける電力供給を賄うために化石燃料を燃やすことが,地球温暖化の主原因である。
>
> 　3つ目のポイントは,世界人口が増加することで,より効率的な農業が必要になることである。しかし,テクノロジーを農業に応用すると,確かに農業の生産性は向上するが,同時に農業はますますエネルギーを大量に消費するようになる。そしてその結果,環境汚染の悪化と世界資源の枯渇を引き起こすことになる。
>
> 　テクノロジーが環境問題を解決できるという考えは,環境破壊が年々ただ悪化していく最大の理由の1つである。このような理由で,テクノロジーが環境保護に良い影響をもたらし得るとは私は考えない。

> **解説**

　「テクノロジーにより環境が改善される」との意見があることを示唆しながらも,「テクノロジーこそが環境悪化に加担している」という立場から書かれている。使用されているPOINTSは④「汚染」,③「地球温暖化」,②「農業」の3つ。

　1点目として,技術革新により不要になった物がごみとなり環境汚染の原因になっていると述べている。身近な例としてコンピューターを取り上げていることが読み手を納得させる。2点目では,「地球温暖化は緊急課題である」というTopic Sentenceの後に説明を加えている。化石燃料の燃焼が地球温暖化の主原因であることは当然押さえておくべきポイント。Unit 5の再生可能エネルギーのTOPICと合わせて,メリットとデメリットを整理しておくとよい。

　3点目として,「人口増加」⇒「農業の効率化の必要性」⇒「テクノロジーの応用」⇒「エネルギー消費の増加」⇒「環境破壊」の流れを挙げている。地球規模でのさまざまな問題は互いに密接に関連している。これらを異なる側面から論じることで,英検1級の英作文問題で多くのテーマに応用することが可能となる。二次試験も視野に入れ,これらの因果関係を英語で明確に説明できるように準備しておくことが効果的な試験対策となる。

解答例B ● Positive

Technology does not always have a positive effect on environmental conservation, but it can and should do so in the future.

One good example of this is the problem of <u>deforestation</u>. The recent rapid development of IT technology is fast making the traditional need for paper disappear. E-mail, for example, is rendering traditional mail obsolete. As a thirst for paper is one of the biggest causes of deforestation, a decline in its use will make it far easier to save the world's rain forests.

Technology can also help the environment by developing <u>renewable sources of energy</u>. Solar power and wind power are being developed quickly today, and they are already helping to reduce the need to use fossil fuels.

The final point is that technology can help us to preserve <u>biodiversity</u> in a number of ways. One is that better computing allows us to record and measure biodiversity. Furthermore, advances in biotechnology will allow human beings to preserve or even bring back species.

For all these reasons, technology can have a positive effect on conservation. Although technology has caused environmental problems in the past, in the future, it will allow us to solve those same problems.

(196 words)

Chapter3 模擬テスト

訳

　テクノロジーは必ずしも環境保護に良い影響をもたらすとは限らないが，将来的にはそれは可能であり，またそうあるべきである。
　その良い例の1つは，森林伐採の問題である。近年のIT技術の急速な発展により，紙の旧来の需要はどんどん失われている。例えば電子メールにより，伝統的な郵便は時代遅れになりつつある。紙への欲求が森林伐採の最大の原因の1つなのだから，紙の使用が減ることにより，世界の熱帯雨林を守ることははるかに容易になるだろう。
　またテクノロジーは，再生可能なエネルギー源を開発することによって環境を助けることもできる。太陽光や風力が今日急速に開発されており，化石燃料の使用の必要性を減少させることに既に役立っている。
　最後の点は，テクノロジーが生物多様性の保護に幾つかの方法で役立ち得ることである。1つには，より進んだコンピューター技術により生物多様性の記録と測定が可能になる。さらには，バイオ技術の発展により，人間は種を保存したり，蘇らせたりすることまでできるようになる。
　これらの理由により，テクノロジーは環境保護に良い影響をもたらし得る。過去においてはテクノロジーが環境問題の原因となってきたが，将来は，同じ問題をテクノロジーによって解決できるようになるだろう。

解説

　Introductionでは，「テクノロジーは必ずしも環境保護に良い影響をもたらすとは限らない」と譲歩しながらも，「将来的には可能である」という見解を示している。使われているPOINTSは①「森林伐採」，⑥「再生可能エネルギー」，⑤「生物多様性」の3つ。
　1点目として，IT化による紙の使用の減少が森林保護につながると述べている。第2パラグラフの第2文以降を見ると，それぞれ，development, E-mail, thirst, declineが主語になっている。Bodyではできるだけ1人称は避けるべきである。そのためにも，このような無生物主語を使った文は理想的と言える。また，普段から意識してmakeやrenderを用いた第5文型（SVOC）を書けるように練習しておくとよいだろう。
　2点目として，再生可能エネルギーが化石燃料の使用を軽減させると述べている。このあたりは，環境問題を論じる際には必ず押さえておく必要がある。3点目として，生物多様性がテクノロジーにより保護され，失った種の復活さえ可能だと展開している。倫理上の問題点も問われるところだが，ここではPositiveの立場のみを述べるべきである。
　ConclusionはIntroductionの内容を受けた形になっている。過去においてはテクノロジーが環境問題を引き起こしたことを認めつつ，今後は逆にテクノロジーがその問題を解決するようになるだろうという期待を改めて確認して締めくくっている。

アイデアの引き出しを増やす！　学習アドバイス

エッセーの書き方を理解した上で必要なのは，アイデアの引き出しを増やしておくことです。Body で具体的な説明や例を挙げられるように，TOPIC として出題が予想される分野について普段からアンテナを張っておくことが重要です。まずは日本語でも構いませんので，テレビや新聞からの最新情報に敏感になりましょう。また，以下に挙げる書籍・雑誌も参考になることでしょう。

- **『図解 まるわかり時事用語』** ニュース・リテラシー研究所編著（新星出版社）
  世界と日本の最新ニュースが一目で理解できるよう，イラスト図解も含め平易な日本語で簡潔に書かれている。特に苦手な分野克服のための第一歩として最適。

- **『時事英語を読んで「話す力」をつける本』**
  廣渡太郎，ヴァレリー・ハンスフォード著（中経出版）
  「政治・経済」，「社会・生活」，「国際関係・外交」，「教育」の4つのテーマから易しい英文記事を紹介。語彙や表現の解説のほか，日本語による背景知識の説明が役立つ。最後に各テーマについて意見を述べるためのヒントが示される。会話力養成を目的としているが，エッセーを書く上でも二次試験対策としても参考になる。

- ***The Economist*** (The Economist Newspaper Limited)
  イギリスの週刊新聞だが体裁は雑誌。国際政治・経済記事のほか文化・教育，科学技術など，英検1級でよく取り上げられる分野も充実している。記事は短めのものが多く読みやすい。英語は決して易しくはないが，エッセーで使えそうなアイデアが満載。同時に読解力アップにも役立つのは言うまでもない。

一次試験に合格したら…
**14日でできる！
英検1級二次試験・面接完全予想問題**（旺文社）

英検分野別ターゲット

英検1級 英作文問題 別冊
時事解説&単語ブック

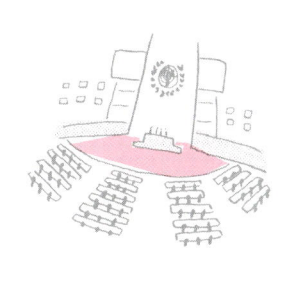

旺文社

もくじ

本書の利用法 3

1 Low Birthrate and Longevity （少子高齢化） 4

2 Censorship （検閲） 6

3 Prevention of Crime and Security Cameras
（犯罪防止と監視カメラ） 8

4 Capital Punishment System （死刑制度） 10

5 Different Surnames in Marriage （夫婦別姓） 12

6 Women's Participation in Society （女性の社会進出） ... 14

7 Early Retirement System （早期退職制度） 16

8 Outsourcing （アウトソーシング） 18

9 Tax Increase （増税） 20

10 Defense Spending （防衛費） 22

11 The Role of the United Nations （国連の役割） 24

12 Self-sufficiency in Food （食料の自給） 26

13 The Use of Nuclear Power （原子力の利用） 28

14 Helping Developing Countries （発展途上国援助） 30

15 World Heritage Sites （世界遺産） 32

16	**Genetically Modified Crops**（遺伝子組み換え作物）............ 34
17	**Designer Babies**（デザイナー・ベビー）........................... 36
18	**Animal Rights**（動物の権利）... 38
19	**Space Exploration**（宇宙探査）.. 40
20	**Robot Engineering**（ロボット工学）................................ 42
21	**Public Opinion Surveys**（世論調査）............................... 44
22	**Healthcare System**（医療制度）...................................... 46
23	**Regenerative Medicine**（再生医療）............................... 48
24	**Natural Disasters**（自然災害）....................................... 50
25	**Renewable Energy**（再生可能エネルギー）..................... 52
26	**Biodiversity and Endangered Species**（生物多様性と絶滅危惧種）... 54
27	**Ecotourism**（エコツーリズム）... 56
28	**Higher Education**（高等教育）.. 58
29	**Scholarships**（奨学金）... 60
30	**The Role of Sports**（スポーツの役割）............................ 62

執筆：柴原早苗（CNN放送通訳者）
Adrian Pinnington（早稲田大学）

本書の利用法

英作文問題・二次試験に頻出の時事トピック 30 のダイアローグおよび解説と語彙・フレーズを掲載しています。試験前の最終チェックなどにお役立てください。

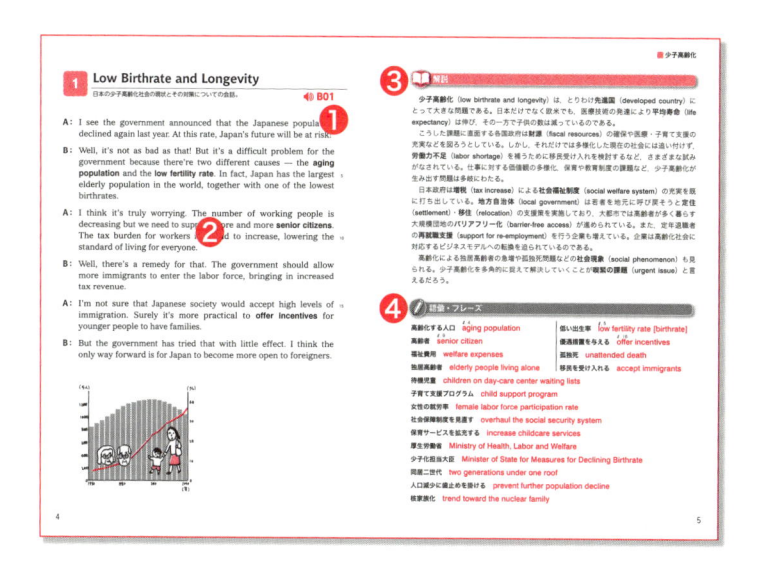

❶音声ダウンロードファイル

ダウンロードサービスについては本冊 p.8 をご参照ください。

❷ダイアローグ

まずはトピックに関するダイアローグを読み，基礎知識を身に付けましょう。

❸解説

日本語の解説を読み，理解を深めましょう。* 重要な語句は太字になっています。

❹語彙・フレーズ

よく使う表現を覚え，書けるようにしておきましょう。左ページのダイアローグに出てくる表現は「ℓ.4」のように表しています。

*解説は 2014 年 9 月現在の内容です。

1 Low Birthrate and Longevity

日本の少子高齢化社会の現状とその対策についての会話。　🔊 **B01**

A: I see the government announced that the Japanese population declined again last year. At this rate, Japan's future will be at risk!

B: Well, it's not as bad as that! But it's a difficult problem for the government because there're two different causes — the **aging population** and the **low fertility rate**. In fact, Japan has the largest elderly population in the world, together with one of the lowest birthrates.

A: I think it's truly worrying. The number of working people is decreasing but we need to support more and more **senior citizens**. The tax burden for workers is bound to increase, lowering the standard of living for everyone.

B: Well, there's a remedy for that. The government should allow more immigrants to enter the labor force, bringing in increased tax revenue.

A: I'm not sure that Japanese society would accept high levels of immigration. Surely it's more practical to **offer incentives** for younger people to have families.

B: But the government has tried that with little effect. I think the only way forward is for Japan to become more open to foreigners.

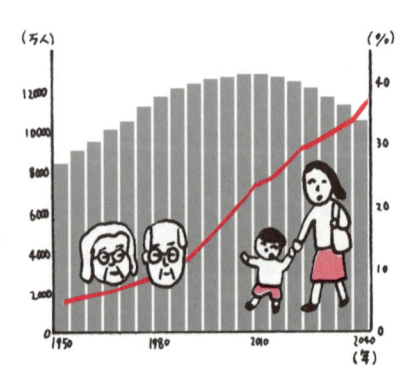

少子高齢化

解説

　少子高齢化（low birthrate and longevity）は，とりわけ**先進国**（developed country）にとって大きな問題である。日本だけでなく欧米でも，医療技術の発達により**平均寿命**（life expectancy）は伸び，その一方で子供の数は減っているのである。

　こうした課題に直面する各国政府は**財源**（fiscal resources）の確保や医療・子育て支援の充実などを図ろうとしている。しかし，それだけでは多様化した現在の社会には追い付けず，**労働力不足**（labor shortage）を補うために移民受け入れを検討するなど，さまざまな試みがなされている。仕事に対する価値観の多様化，保育や教育制度の課題など，少子高齢化が生み出す問題は多岐にわたる。

　日本政府は**増税**（tax increase）による**社会福祉制度**（social welfare system）の充実を既に打ち出している。**地方自治体**（local government）は若者を地元に呼び戻そうと**定住**（settlement）・**移住**（relocation）の支援策を実施しており，大都市では高齢者が多く暮らす大規模団地の**バリアフリー化**（barrier-free access）が進められている。また，定年退職者の**再就職支援**（support for re-employment）を行う企業も増えている。企業は高齢化社会に対応するビジネスモデルへの転換を迫られているのである。

　高齢化による独居高齢者の急増や孤独死問題などの**社会現象**（social phenomenon）も見られる。少子高齢化を多角的に捉えて解決していくことが**喫緊の課題**（urgent issue）と言えるだろう。

語彙・フレーズ

高齢化する人口　aging population	低い出生率　low fertility rate [birthrate]
高齢者　senior citizen	優遇措置を与える　offer incentives
福祉費用　welfare expenses	孤独死　unattended death
独居高齢者　elderly people living alone	移民を受け入れる　accept immigrants

待機児童　children on day-care center waiting lists
子育て支援プログラム　child support program
女性の就労率　female labor force participation rate
社会保障制度を見直す　overhaul the social security system
保育サービスを拡充する　increase childcare services
厚生労働省　Ministry of Health, Labor and Welfare
少子化担当大臣　Minister of State for Measures for Declining Birthrate
同居二世代　two generations under one roof
人口減少に歯止めを掛ける　prevent further population decline
核家族化　trend toward the nuclear family

2 Censorship

ゲームやメディアの規制についての会話。

A: Have you seen the computer game Billy is playing? It's so violent. I really think the government should ban games like that.

B: I know what you mean. There's so much violence and obscenity in the media now. I don't like it myself, but I'm not sure **censorship** is the best way.

A: But it must be bad for children to **be exposed to** games and movies where people are hurt or killed just for fun. It lacks respect for human life.

B: Well, you might think so, but nobody has actually demonstrated a link between playing violent games and being violent in real life. And if we don't like it, it's up to us parents to stop our children from playing them.

A: People always say that, but it isn't that easy. If we stop him, he's bound to simply hide the games from us. I think we need a **social consensus on** what is acceptable and what is not.

B: Still, I don't like the thought of the government making that decision for us. In no time at all they would be using the same powers to take away **free speech**. Political freedom is, after all, dependent on this.

検閲

解説

　ゲームや携帯電話使用などに政府がどこまで**介入する**（intervene）べきか。これは大きな課題と言える。特に昨今のゲーム問題は深刻で，子供の成長にも影響を及ぼしていることはさまざまな報告書からも明らかである。暴力的で**残忍な**（brutal）シーン，刺激的な内容をはじめ，命の扱いがぞんざいになっているなど，**成長期**（stage of growth）の発育のためにも大人や組織がこの課題に真剣に取り組むべき時代を迎えている。

　また，最近は携帯電話の利用者が低年齢化しており，ネットいじめや子供の**ネット依存**（Internet addiction）なども指摘されている。文部科学省や教育委員会は**指針**（guideline）を提示し始めており，自治体によっては「ノーテレビ・ノーゲームデー」のような日を設けているところもある。さらに，保護者が子供のインターネットへのアクセスを規制することも求められている。

　しかし，こうした一連の動きに対する反論もある。**日本国憲法**（Constitution of Japan）では表現や思想の自由がうたわれており，介入のし過ぎは個人の自由を脅かしかねない。また，ゲームやインターネットも，**適度な接し方**（appropriate approach）ができれば私たちの暮らしに**多大な恩恵**（huge benefit）をもたらしてくれる。**時代の変化**（changing times）に応じた対応が求められている。

語彙・フレーズ

検閲	censorship (l.4)
～を検閲する	censor
即レス	immediate reply
刺激的な内容	disturbing content
～に関する社会的合意	social consensus on ... (l.14)
言論の自由	free speech / freedom of speech (l.18)
政府の管理下で	under government control
思想の自由を脅かす	threaten freedom of thought
脳に悪い影響を及ぼす	have harmful effects on the brain
学校での指導が不可欠である	guidance in schools is essential
子供の言動に注意する	be attentive to children's behavior
教育上望ましくないサイト	undesirable website from an educational point of view
インターネットへのアクセスを規制する	control access to the Internet
子供に悪い影響を与える	have negative impacts on children
ペアレンタル・コントロール	parental control
～にさらされる	be exposed to ... (l.6)
ネットいじめ	cyberbullying
教育委員会	board of education
残忍な考えを抱く	have brutal thoughts

＊親が携帯電話やインターネットのコンテンツに対して利用・閲覧を制限すること

3 Prevention of Crime and Security Cameras

犯罪防止のための監視カメラの役割についての会話。 🔊 **B03**

A: Did you see that they have **installed security cameras** around the station? It's a bit too much, isn't it?

B: I don't think so. Surely they're an excellent method of **crime prevention**. People used to feel safe on the streets, but not anymore.

A: Aren't you worried about all this **surveillance**? How can people protect their privacy when their movements are being watched all the time? Now we never know when our phone calls are being recorded or our emails spied on. I hate all of this.

B: Ordinary people are more concerned about their personal security. Moreover, the cameras provide excellent legal evidence against criminals. The **conviction rate** for **street crimes** has increased dramatically.

A: But can we trust the police only to use such evidence against criminals? I feel anxious about the use of technology to keep an eye on the movements of private citizens. It's a real threat to civil liberties.

B: Well, perhaps that's a bit of an exaggeration. I think the benefit of living in a safe and secure environment far outweighs any of those concerns.

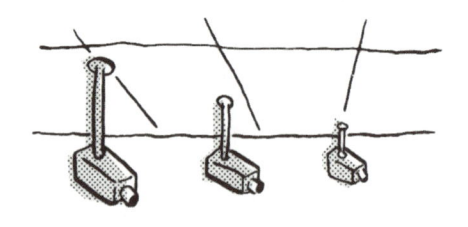

犯罪防止と監視カメラ

解説

監視カメラは近年さまざまな場所で見られる。監視用に導入されたのは1960年代で，まだ白黒の画像であった。その後カラー化が進み，店舗や**公共交通機関**（public transportation），ATMや工場などに監視カメラが設置されている。ちなみにロンドンでは1970年代から**不審物**（suspicious object）や爆発テロへの警戒が強く，当時から監視カメラが普及していた。今日では世界の多くで犯罪抑止や犯罪事件における証拠として用いられている。

長所としては，事件発生の際，**容疑者を特定する**（identify the suspect）ことに役立つ。近年は**画質**（picture quality）などの技術も大幅に向上し，より鮮明な映像を記録できるようになった。また，市民にとって監視カメラの存在は安心感にもつながり，防犯の観点からも監視カメラを肯定的に捉える人が多い。

しかしその一方で，「常に監視されている」という違和感を覚える者も少なくない。一挙手一投足を監視されているという居心地の悪さに加え，記録された画像が**悪用**（misuse）されることへの恐れを抱く者もいる。また，たとえ監視カメラがあっても捜査員の「勘」が容疑者の**検挙**（apprehension）に結び付くという考えは根強い。

最近はホームセンターなどで**ダミーカメラ**（dummy camera）も売られている。予算の都合上，監視カメラを設置できないためにダミーカメラを取り付けるのがその理由だ。しかしプロの犯罪者はそうしたカメラ**を見抜く**（spot）ことができる。カメラだけでなく，住民同士の声掛けや日ごろからの防犯活動が欠かせない。

語彙・フレーズ

犯罪防止 (ℓ.3)	crime prevention
有罪判決率 (ℓ.12)	conviction rate
検挙率	arrest rate
防犯パトロール	anticrime patrol
持ち主不明の荷物	unattended luggage
監視カメラを設置する (ℓ.1)	install security cameras
監視カメラの死角	security camera blind spot
個人の自由を脅かす	threaten individual liberty
危害を受ける恐れがない	be secure from harm
（人）の一挙手一投足を監視する	monitor *someone's* every move
自警団，地域住民による監視グループ	neighborhood watch group
監視カメラ作動中。	CCTV in operation. *CCTV = closed-circuit television
犯罪の減少に効果がある	be effective in reducing crimes
監視 (ℓ.6)	surveillance
路上犯罪 (ℓ.12)	street crime
犯罪抑止	crime deterrent
不審者	suspicious individual
～に不安を覚える	feel uneasy about ...

4 Capital Punishment System

番組でゲストを迎えて死刑制度の是非についてのインタビュー。 🔊 B04

A : In our program today, we're going to focus on the issue of **capital punishment**. As my guest, I have Bill Scott, a professor of law and a leading advocate of the abolition of capital punishment. Why are you against the **death penalty**, Professor Scott?

B : My fundamental objection is based on a moral one. I believe it's wrong for the state to kill people. Most advanced countries, as you know, have abandoned the practice.

A : But opinion polls show that a majority of the public disagree. They believe that for certain extreme crimes, such as murder, it's the only appropriate punishment.

B : Well, even if that were true, there would still be the issue of whether mistakes are made in the **judicial process**. DNA evidence has revealed that many innocent people have **been executed for murder**. Once they're killed, there's nothing we can do for them.

A : But besides that, how about in the cases where the accused is clearly guilty?

B : Even then, one purpose of punishment is deterrence, but there's very little evidence that capital punishment has such an effect. Moreover, in civilized countries, we should be reforming criminals, not killing them.

死刑制度

解説

死刑制度（capital punishment system）は世界で**論争の的となる問題**（controversial issue）である。人権団体**アムネスティ・インターナショナル**（Amnesty International）の統計によると，2013年末の時点で**死刑を廃止した国**（countries which have abolished the death penalty）は140カ国であり，一方で**死刑存置国**（countries which still have the death penalty）は58カ国に上る。また，国連が「死刑が終身刑よりも**抑止力**（deterrence）を持つことを科学的に裏付ける研究はない」と結論付けていることからも，死刑廃止に動く国が増えているのが実情と言える。ヨーロッパではベラルーシを除き死刑を廃止しており，中南米でも廃止の動きが見られる。アメリカでは3分の1以上の州が死刑を廃止している。

死刑に関しては幾つかの課題がある。その1つが**冤罪**（false accusation）である。罪のない人**を処刑し**（execute）てしまった場合，取り返しがつかない。その一方で，例えばアメリカの場合，刑務所の過剰収容が常態化しており，終身刑だけでは対応し切れないという問題もある。また，**テロ事件**（terrorist attack）をはじめとする凶悪犯罪にどのような処罰を下すかも議論となっている。

1989年には**国連総会**（United Nations General Assembly）が死刑廃止条約を採択した。当時これに反対したのは日本，アメリカ，中国やイスラム諸国である。死刑は**非人道的**（inhumane）であるとの意見がある一方，愛する者を失った遺族感情に配慮すべきとの声も上がる。**欧州連合**（European Union, EU）は加盟条件の1つとして死刑制度の廃止を掲げており，日本に対しても死刑廃止の呼び掛けを続けている。

語彙・フレーズ

死刑，極刑	capital punishment
司法手続き	judicial process
反省の色	sign of remorse
仮釈放されて	on parole
非人道的な仕打ち	inhumane treatment
厳しい処罰	harsh punishment
殺人罪で処刑される	be executed for murder
死刑の廃止	abolition of the death penalty
死刑の適用範囲	application of the death penalty
被害者遺族の気持ち	feelings of the victim's family
法務大臣による死刑執行命令	execution order by the Minister of Justice
(人)に終身刑を言い渡す	give *someone* a life sentence
死刑	death penalty
更生	rehabilitation
～に恩赦を与える	grant amnesty to ...
道徳に反する	immoral
凶悪犯罪	violent crime
人権団体	human rights organization

5 Different Surnames in Marriage

結婚後は夫婦別姓を続けたいと考えるヨウコと友人の会話。 B05

A: Hi, Yoko. I heard you're getting married next week. Congratulations! What will your new **surname** be?

B: Actually, I'm going to carry on using my maiden name at work even after I get married.

A: Really? Can you do that? I heard that in Japan it's actually compulsory to **take your husband's name**.

B: It is — or at least according to the law, both partners must use the same family name, which in nearly all cases means the husband's. But I'm very opposed to the law — I think it helps to perpetuate a **patriarchal conception** of marriage.

A: It does seem **anachronistic**. In most developed countries, at least, women have a choice. But I read that in the U.S. as well, over 90 percent of women take their husband's name.

B: Here in Japan, some people feel the law is unfair, and there have been attempts to change it in court. However, they failed in the latest case.

A: Still, I guess that everyone using the same name does indicate the unity of the family.

B: Maybe, but family unity should not be based on the denial of women's own identity. That's why I'm going to carry on using my own name.

夫婦別姓

解説

　日本における夫婦**同姓**（same surname）が民法として制定されたのは1898年である。日本の**家制度**（family system）は**戸主**（family head）を頂点とするものであり，誰もがどこかの「家」に属するという考えである。

　現在，夫婦別姓で法的に**婚姻関係**（marital relation）を結ぶことは認められていない。つまり結婚は改姓を意味し，大半の場合，女性が旧姓から夫の姓へと変更してきた。しかし男女の結婚観などの変化により，夫婦別姓を求める声も高まっている。

　一方，夫婦別姓における課題も存在する。例えば事実婚の場合，子供の姓や**親権**（parental rights）をどうするかという問題が生じる。また，配偶者控除など税制面での**有利・不利**（advantage / disadvantage）という問題もある。ほかにも例えば，上の世代が夫婦同姓を信じるが故に，若い夫婦は「理解してもらえない」という**偏見**（prejudice）に苦しむこともある。

　これまで，夫婦別姓を求めて提訴した事例もあった。また，取りあえず仕事上では夫婦別姓を選択する男女もいる。税制面などでの不利な状況をそのまま受け入れて，夫婦別姓で暮らす夫婦も存在する。**名刺**（business card）に旧姓と新姓を併記する人もいる。

　世界を見渡すと，男女平等という観点から夫婦別姓を認めている国もあれば，逆に宗教的に女性を**血族**（blood relative）の一員と認めないがために別姓を維持する国もある。価値観の変化に基づき，誰もが考えていくべき課題である。

語彙・フレーズ

姓，名字　surname	家父長制の概念　patriarchal conception
時代遅れの　anachronistic	（日本の）民法　Civil Code
旧姓の使用　use of *one's* maiden name	跡継ぎ　heir
事実婚　de facto marriage	偏見に満ちた考え　prejudiced idea
配偶者控除　tax deduction for a spouse	男女共同参画社会　gender-equal society
夫の姓を名乗る　take *one's* husband's name	
婿養子になる　marry into *one's* wife's family	
（人）の戸籍に入る　join *someone's* family register	
スミス夫人，旧姓ジョーンズ　Mrs. Smith, née Jones	
日本古来の家制度　traditional Japanese family system	
男性と女性の関係の変遷　changes in the relationship between men and women	
職場で不便に直面する　face inconvenience at work	
仕事で旧姓を使い続ける　keep *one's* maiden name at work	
自分の名前に愛着がある　be attached to *one's* name	

6 Women's Participation in Society

日本での女性の社会進出についての討論。　　　🔊 **B06**

A: Today, I'm talking to Barbara Smith, an analyst at the Japan Futures think tank, about how old-fashioned attitudes to gender in Japanese business culture are costing the economy. What's the problem, Barbara?

B: Although Japan is an advanced country by many measures, when it comes to the **gender gap in the workplace**, it's consistently ranked very low internationally.

A: What's the cause of the problem?

B: One big reason is that so many women stop working when they have children. This makes employers unwilling to take them on in career-track positions in the first place. In fact, only about 5 percent of career-track positions are filled by women. This is an enormous **waste of human resources**.

A: I guess one problem is the **lack of childcare facilities**. After all, there are long waiting lists for places in **day-care centers**.

B: That's right. It's a vicious circle. Many women do in fact work, but they have to take part-time or temporary positions, which reduces their earning power. Probably it's up to the government to do something about it.

女性の社会進出

解説

女性の社会進出（women's participation in society / women's social advancement）が進んでいると言われる。主な3つの理由として，**女性の高学歴化**（women receiving higher education），**男女雇用機会均等法の導入**（introduction of the Equal Employment Opportunity Law），**男性の育児**（men's child rearing）や家事に対する**意識変化**（change of attitude）が挙げられる。

しかし世界に目を転じてみると，日本は他国と比べてまだまだ**改善の余地**（room for improvement）が多い。**女性の首相**（female prime minister）はいまだに誕生しておらず，女性が政治家になる割合も少ないままだ。企業でも**管理職**（managerial position）に就く女性の数こそ増えたが，社長や**最高経営責任者**（Chief Executive Officer, CEO）に女性が占める割合は，OECD加盟国中で最低レベルである。**女性の能力**（women's ability）が日本では十分に活用されていないと指摘されている。

解決法としては，女性が働きやすい企業や社会の実現が求められる。**保育制度**（childcare system）の充実，晩婚化に伴う**不妊治療**（fertility treatment）の**支援体制**（support system），さらに上司や同僚の理解も必要である。また，法律をさらに整備し，形骸化させないことも大切である。**他国の事例**（other countries' examples）を学び，**昇進**（promotion）や**昇給**（pay raise）面での**見直し**（review）も含め，女性がより責任ある立場に就けるような改善が求められている。

語彙・フレーズ

保育施設の不足 (l.14)	lack of childcare facilities
共働きである	have two incomes
専業主婦	stay-at-home mother
女性の正社員	full-time female worker
一緒に子育てをする	raise children together
職場における男女格差 (l.6)	gender gap in the workplace
人材の無駄遣い (l.13)	waste of human resources
学童保育の不足	lack of after-school childcare
晩婚化の傾向	tendency toward late marriage
責任ある立場にいる	be in a responsible position
上司と同僚の理解を得る	have the understanding of *one's* supervisor and colleagues
女性がもっと働きやすい職場を作る	make the workplace more female-friendly
保育所 (l.15)	day-care center
育メン	child-rearing man [father]
出産を遅らせる	delay having children
産休を取る	take maternity leave

7 Early Retirement System

早期退職を迫られている同僚についての会話。 🔊 B07

A : Why is Makoto looking so gloomy? Are things going badly at work?

B : Didn't you hear? He's being pressured to **take an early retirement**, but he won't be eligible for his **pension** until he becomes 65. As he's only 53, he'll need to **find another job** to survive.

A : Still, he would get his retirement payment. I hear that's pretty big. But it seems a waste to make someone with his experience retire. We need him to train the youngsters coming in.

B : That's true. The problem is really the **seniority system**. Because employees in Japanese companies get regular raises in pay according to length of service, older employees cost the company much more than they're worth.

A : I suppose it's true that for the same money we could probably get two healthy, energetic young workers. But some companies offer older employees positions with lower pay instead of early retirement.

B : That would certainly be a better option for Makoto. But I doubt that our company is doing well enough to adopt such a scheme. They may not even be able to **find a replacement for** him.

早期退職制度

解説

近年の日本では、**早期退職制度**（early retirement system）を導入する企業が増えている。**好景気**（economic boom）のころは、一生同じ企業に勤め、年功序列制度に基づいて昇進や昇給が決まるのが一般的だった。しかし**バブル崩壊**（economic bubble burst）とともに日本は**不況**（economic stagnation）の時代に突入し、働き方においても大きな**方向転換**（change of course）を強いられたのである。能力に応じた**給与体系**（pay system）が導入され、給与に見合った働きぶりがなければ肩たたきに遭う、そんな実情が見られる。

予定よりも早く退職した場合、幾つかの問題に直面する。例えば**住宅ローン**（housing loan）の返済が残っていることだ。定年退職を見越して**返済計画**（repayment plan）を立てていた場合、返済が難しくなる。一方、「子供たちが独立したら豊かな老後を送りたい」と考えていても、老後資金がなければ生活は苦しくなる。さらに、早く辞めることで年金を満額受給できなくなる可能性もある。

世界における**競争**（competition）が激しくなる昨今、私たち一人一人がそれぞれのキャリアを考える必要が出てきている。若いうちから老後に向けた**金融資産を確保する**（secure financial assets）ことをはじめ、与えられた仕事だけでなく**幅広いスキル**（broad range of skills）を磨き、再就職に備えることも必要だろう。

熟慮せずに（without giving it much thought）早期退職を早く決断してしまい、**時間を持て余す**（not know what to do with *one's* free time）ことのないよう、誰もがしっかりとした**計画をあらかじめ立てておく**（plan in advance）必要があると言えるだろう。

語彙・フレーズ

早期退職する　take an early retirement	年金　pension
ほかの仕事を見つける　find another job	年功序列制度　seniority system
生活費　living expenses	ゆとりある生活　affluent life
肩たたきに遭う　be urged to retire	退職金　retirement benefits
定年退職　mandatory retirement	介護　nursing care
年金を満額受給する　receive a full pension	終身雇用制度　lifetime employment system
起業する　start a business	

〜の代わりを見つける　find a replacement for ...
快適な老後生活を送る　have a comfortable retirement
豊かな第二の人生　rewarding life after retirement
再就職が難しい　be difficult to re-enter the workforce
不足する老後資金　short supply of funds for use after retirement
失業給付を受ける　receive unemployment benefits

8 Outsourcing

アウトソーシング（外部委託）についての会話。　🔊 B08

A: Well, my proposal is that we close our data processing department and **outsource the work to** a company in China. According to our research, we could save an estimated 60 percent in costs.

B: Of course, cost-cutting is essential if we are to **stay competitive**, but there are other issues to consider besides labor costs. I know that software engineers are much cheaper to employ in China, but are they as **productive**?

A: The standard may not be as high as here, but for much of our data processing we don't **need** such **specialized abilities**. **Quality control** is an issue, but even if we add the expense of sending people to carry out training, still the savings would be dramatic. We could also bring people here to learn the job.

B: What about the union? Surely they would object to any forced dismissals.

A: They would, but I'm planning to offer **voluntary retirement**, with severance pay. Those who don't want it can be reassigned to more useful positions here.

B: It sounds like you're certain that this is for the best. But I'll be sorry to see yet another of our departments close and the jobs go overseas.

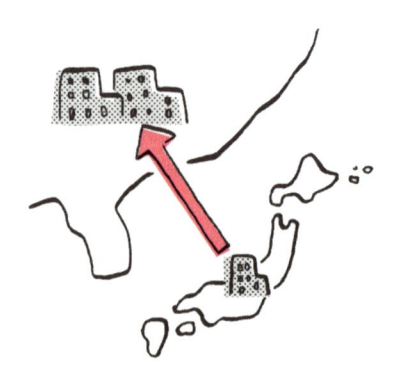

アウトソーシング

解説

アウトソーシング（outsourcing）は1980年代にアメリカで導入された**経営手法**（management approach）で，その後日本でも用いられるようになった。特に**IT分野**（IT sector）ではインドが世界最大のアウトソーシング先と言われており，欧米や日本の企業が**顧客サービス部門**（customer service section）などをインドに移すケースが増えている。しかし，インドでも**人件費**（labor costs）が高騰したり**離職率**（labor turnover rate）が高まったりという現象が出ており，近年は東南アジアや南米がアウトソーシング先となりつつある。

アウトソーシングには幾つかの長所がある。例えば企業にとって，**設備投資**（capital spending）や**労務管理**（labor management）などの**コスト削減**（cost reduction / cost-cutting）は**景気低迷**（economic downturn）の時代において大いなる助けとなる。**福利厚生**（benefits package）などを支払わずに高い専門性を持った労働者を確保できるのも魅力である。

しかし短所も少なくない。外部に**ノウハウ**（know-how）が流れてしまえば，**知的財産**（intellectual property）を自社内に保持することが困難になる。地理的に離れていることから**統制**（control）のしづらさや**煩雑な指揮系統**（complicated chain of command）が生じ，**品質低下**（reduction in quality）の恐れも避けられない。また，**機密情報**（confidential information）をどう守るかの対応も迫られる。**余剰人員**（surplus workers）が生じれば，既存社員の**士気低下**（decline in morale）も見られるだろう。

グローバル化（globalization）に直面する現在，いたずらに1つの経営手法を模倣するのではなく，それぞれの組織に合ったやり方が必須である。それが**真の競争力**（true competitiveness）に結び付くのだ。

語彙・フレーズ

競争力を維持する	stay competitive
品質管理	quality control
コスト節約を図る	make cost savings
生産拠点を〜に移す	shift production to ...
〜に業務を外部委託する	outsource the work to ...
専門的な能力を必要とする	need specialized abilities
人材育成の強化	strengthening of human resource development
高い専門性を確保できる	can acquire a high degree of professionalism
ノウハウを蓄積できない	cannot accumulate know-how
機密情報の漏えい	leakage of confidential information
既存社員の理解が必要である	be necessary to have the understanding of current employees
ウィンウィンの関係を築く	build a win-win relationship
生産力のある	productive
希望退職	voluntary retirement
融通が利かない	lack flexibility

9 Tax Increase

増税とその影響についての会話。

B09

A: Have you noticed how much prices have increased since the recent rise in **consumption tax**?

B: I have. Even the bus fares have gone up! They say that it's going to lower consumer demand for months. Still, a **tax hike** had to come sooner or later. **National debt** has gotten out of control and **welfare expenditure is bound to rise** in the future.

A: Still, I'm not sure that consumption tax is the best way for the government to increase its revenue. After all, any fixed tax like this is bound to hit the poor harder than the rich. At least, I think food and clothing shouldn't be included.

B: I know what you mean. Increasing income tax seems much fairer because then people pay according to their ability.

A: That may be true in an ideal world. In reality, though, a lot of wealthy people find ways to escape **paying their fair share** of income tax, simply because they can employ tax specialists to give them advice.

B: I hadn't thought of that. Certainly, in the case of consumption tax, nobody can avoid paying it. I only hope that the government doesn't waste the extra money it gets.

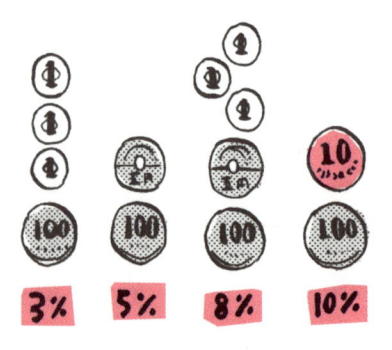

増税

解説

　日本では2014年4月に増税が行われ，消費税の**税率**（tax rate）は8％となった。引き上げの最大の理由は，**財源不足**（lack of revenue）を補うことである。「**失われた10年**（Lost Decade）」という言葉に代表されるように，日本経済が低迷を続けたこともあり，**所得税**（income tax）や**法人税**（corporate tax）による税収は伸び悩んでいる。一方，消費税による税収は景気にあまり左右されず，比較的安定している。

　増税による恩恵は幾つか挙げられる。社会保障制度の安定や**公共事業**（public works）への投資も可能となる。2011年に起きた東日本大震災の**復興**（reconstruction）にも費用を充てられる。国の発展のためにも，増税は**時代の流れ**（trend of the times）と言える。

　しかし反対意見も根強くある。例えば**家計**（family budget）に対する負担が増え，**買い控え**（reluctance in buying）がさらに進むという主張が挙げられる。**消費意欲の減退**（decline in consumer confidence）による**景気後退**（economic recession），また，**低所得層**（low-income population）の生活悪化など，マイナス要素も見過ごせない。

　ちなみにイギリスの**付加価値税**（value-added tax，VAT）は20％である。ただし新聞や雑誌，食料品などは**ゼロ税率**（zero rate）で，電力や**家庭用燃料**（domestic fuel）は**軽減税率**（reduced tax rate）の対象となる。日本でも一部の品目については軽減税率の適用を求める声が上がっている。今後もさまざまな議論が巻き起こることが予想される。

語彙・フレーズ

消費税	consumption tax
増税	tax hike
国債	national debt
福祉支出	welfare expenditure
確実に上がる	be bound to rise
正当な分を支払う	pay *one's* fair share
累進税	progressive tax
〜を買い占める	buy up ...
生活必需品	daily necessities
段階的引き上げ	gradual increase
価格を据え置く	freeze the price
内税 / 外税	tax included / tax excluded
増税に備える	prepare for a tax increase
価格に転嫁する	add to the price
課税対象となる	be subject to taxation
家計への打撃	blow to family budgets
徹底的な支出削減	drastic spending cuts
税率を10％に引き上げる	increase the tax rate to 10%
社会保障の財源を確保する	secure revenue for social security
赤字を黒字に転換する	turn deficit into surplus
富裕層への税負担を増やす	increase the tax burden on the wealthy

10 Defense Spending

日本の防衛費の増額についての会話。　　🔊 B10

A: I saw on the news that the government is talking about **increasing defense spending**. What do you think about that?

B: Well, I think it depends on how they plan to spend the money. I'm not against it in principle, but I think that it'll undoubtedly increase **tension with our neighbors**.

A: Still, it's the first increase in about ten years. Most of the countries around us have increased their spending by much more than that. After all, we still don't spend more than one percent of our GDP. Meanwhile, the strategic situation facing us has changed greatly.

B: I agree. I support the **Peace Constitution**, but even so we have to spend money to protect ourselves. Also, increasing military expenditure will create jobs and help to encourage technological research and innovation.

A: I think the main problem is that increasing defense may lead to an **arms race**.

B: Well, Japan looks as though it doesn't spend much, but it actually is in the top ten in the world in terms of the actual amount spent. We need to be prepared to defend ourselves.

■ 防衛費

解説

　「自分の国は自力で守る」という観点から，どの国も自国の**防衛予算**（defense budget）を有している。アメリカでは 2001 年の同時多発テロとそれに続く戦争により，**軍事費**（arms spending）は大幅に増え，2013 年には 6,400 億ドルとなっている。それに続くのが中国の 1,880 億ドルで，**増加傾向にある**（on the increase）。一方，日本は対 GDP 比で 1％となっており，金額にすると 486 億ドルである。

　各国にとって，**防衛産業**（defense-related industry）を発展させることは**技術開発への貢献**（contribution to technological development）も意味する。ただし日本の場合，**武器輸出三原則**（Three Principles on Arms Exports）があり，これまで日本の軍需企業は自衛隊にしか納品できなかった。しかし，2014 年 4 月には**防衛装備移転三原則**（Three Principles on Transfer of Defense Equipment and Technology）が**閣議決定**（cabinet approval）され，方針が大幅に転換された。新原則では，条件が合致すれば包括的に輸出が認められる。

　近年は領土をめぐり，近隣諸国との緊張が高まっている。監視体制の強化が叫ばれる一方，核拡散防止条約に基づき，軍拡競争に発展してはならないとの声もある。けん制の意味も含めて**合同軍事演習**（joint military exercises）も行われている。世界各地では**紛争**（conflict）が今なお絶えない。**国家主権**（national sovereignty）への侵害を阻止すると同時に，対話による**平和的解決**（peaceful settlement）が求められている。

語彙・フレーズ

平和憲法　Peace Constitution (l.11)	軍拡競争　arms race (l.16)
防衛省　Ministry of Defense	領空侵犯　airspace incursion
緊急発進　scramble	高まる緊張　rising tension
防衛の最前線　first line of defense	監視体制を強化する　boost surveillance
防衛費を増やす　increase defense spending (l.1)	
近隣諸国との緊張　tension with *one's* neighbors (l.5)	
集団的自衛権　right of collective self-defense	
自衛隊による災害派遣　disaster relief mission by the Self-Defense Forces	
核拡散防止条約　Nuclear Non-Proliferation Treaty, NPT	
日米安全保障条約　Japan-U.S. Security Treaty	
冷戦後の国際社会　post-Cold War international community	
唯一の被爆国　only nation to suffer atomic bombings	
国の領海に立ち入る　enter a country's territorial waters	

11 The Role of the United Nations

国連の役割についての会話。　　　　　　🔊 **B11**

A: Did you see the news last night? Another civil war in Africa! Can't some other country intervene and stop the fighting?

B: There was a debate about conducting **peacekeeping operations** in the **UN Security Council** yesterday, but as usual no conclusion was reached. They'll meet again next week.

A: The UN always seems so powerless. Why can't they ever agree on anything?

B: Actually, the UN does a great deal to reduce tensions around the world and to establish a consensus about policies. The problem really lies in the way the Security Council was set up after World War II. The victors in the war gave themselves permanent seats on the Security Council and the **right to veto** any **motions**. But they can rarely agree among themselves.

A: But I've read that Japan and Germany are among the biggest contributors to the UN. Why don't they have permanent seats?

B: The problem is that no changes can be made without the agreement of all five **permanent members**. But they're unlikely to agree on anything that lessens their own power or their ability to protect their own interests.

国連の役割

解説

　国際連合（United Nations, UN）には多くの役割があるが、最大の役割は戦争を未然に防ぐ平和維持活動と言えるだろう。世界のさまざまな地域で紛争が起きており、国連は**全面戦争**（all-out war）への発展を阻止すべく、**監視活動**（observation activities）を行っている。ほかにも**自然災害**（natural disaster）発生時には**救護活動**（rescue operation）を行い、**貧困の撲滅**（eradication of poverty）や乳幼児の健康、学校教育の普及、**地球温暖化対策**（global warming countermeasure）にも取り組んでいる。このように国連の役割は多岐にわたり、現在は4万人を超える国連職員が世界で働いている。

　かつて存在した**国際連盟**（League of Nations）は機能不全に陥り、第二次世界大戦を阻止できなかった。その悲惨な経験から教訓を得て設立されたのが国際連合である。当初51カ国で始まった国連は、その後**加盟国**（member state）の数を増やし、2014年現在、193カ国が加盟している。

　ただし、課題も少なくない。現在の常任理事国は5カ国で、いずれも**旧連合国**（former Allies）である。常任理事国は安全保障理事会の決定に対し拒否権を持つが、昨今の紛争解決が迅速に進まないのも、拒否権の発動が原因であることが多い。

　日本やドイツが常任理事国入りを主張する中、**国連改革**（UN reform）を求める声は年々高まっている。貧困や**飢饉**（famine）を撲滅し、**エイズのまん延**（spread of AIDS）を防ぐなど、国連に与えられた課題は多い。人間の平等、そして紛争のない世界を実現させるためにも、国連による世界平和への貢献が改めて求められている。

語彙・フレーズ

国連安全保障理事会 (ℓ.4)	UN Security Council
動議 (ℓ.12)	motion
大量虐殺	genocide
争いの仲裁をする	intervene in a dispute
人権問題	human rights issue
平和維持活動 (ℓ.3)	peacekeeping operations *英語ではPKOと略さない
合意の意思決定	consensus decision-making
高まる国連改革の声	increasing call for UN reform
主導権を持つ大国	big power having the initiative
絶えず変化する世界情勢	ever changing world situation
～に経済制裁を課す	impose economic sanctions on ...
～に拒否権を行使する権利 (ℓ.12)	right to veto ...
常任理事国 (ℓ.17)	permanent member
国連事務総長	UN Secretary-General
強い権限を持つ	have a strong mandate
選挙を監視する	observe an election

12　Self-sufficiency in Food

下がり続ける日本の食料自給率とそれに伴う問題についての会話。　　🔊 **B12**

A: Every time I go to the supermarket, there seems to be more food from abroad for sale.

B: Well, that's because imported food has lower production costs.

A: **Relying on imports** seems so risky, though. Japan should really be more self-sufficient in food. What would we do if something happened to disrupt the food trade? In no time at all, people would be starving.

B: The government says it's aiming at a target of 50 percent self-sufficiency, but that's unlikely to happen. According to a lot of economists, the problem really lies in the government's own policies. By protecting farmers from competition from abroad, they only make Japanese agriculture more inefficient. Also, there'll be a smaller, **aging population in farming** in the future.

A: But if they sign a **free trade pact** and open the doors to imports, then Japanese farmers will be wiped out by cheap overseas products.

B: That's what farmers say. The government needs to change its policies so that more efficient farmers are rewarded. Otherwise we'll go on **subsidizing** small, unproductive farms forever.

食料の自給

解説

食料自給率（food self-sufficiency rate）とは，国の**食料消費**（food consumption）における**国内生産**（domestic production）の割合のことである。日本では1960年代に入って自給率はどんどん低下し，輸入が増え続け，2013年のカロリーベースでの自給率は39%にまで落ち込んでいる。これは欧米諸国と比べて著しく低い。

食料自給率低下の理由は，少子高齢化や地方の**過疎化**（depopulation）による**農業人口**（agricultural population）の減少，海外からの輸送の容易化，日本人の**食生活**（eating habit）の変化などである。しかし，輸送には**二酸化炭素排出**（carbon dioxide [CO_2] emissions）の問題が伴う。また，輸出国では農産物の生産に大量の**飼料**（feed）や水を用いるため，輸入農産物に費やされた水資源，すなわち**バーチャルウォーター**（virtual water）の問題も看過できない。日本人の嗜好が冷凍食品や加工食品などに傾いてきたことによる**肥満問題**（obesity issue）も今や深刻だ。**遺伝子組み換え食品**（genetically modified foods）に対する国民の不安もある。また，他国の**政情不安**（political unrest）が食料価格の高騰につながり，食料自体が日本に入らなくなる恐れもある。

未来を担う次世代（future generations）のためにも，**旬のもの**（food in season）を食べるなど，食生活の見直しが求められている。また，**食品廃棄物**（food waste）を減らすという意味からも，食べ放題などのあり方を省みる必要が出てきている。国民への**啓発活動**（campaign to raise awareness）や**学校給食**（school lunch）を活用した指導が不可欠と言えるだろう。

語彙・フレーズ

輸入に依存する　rely on imports (ℓ.4)	自由貿易協定　free trade pact (ℓ.14)
～に補助金を出す　subsidize (ℓ.19)	食料廃棄，フードロス　food loss
農地の減少　decrease in farmland	世界の食料事情　world food situation
食料価格の推移　changes in food prices	
農業における高齢化　aging population in farming (ℓ.13)	
揺らぐ食料供給基盤　wavering food supply base	
加工食品摂取量の増加　increase in processed food intake	
食生活の大幅な変化　substantial change in *one's* diet	
国内で生産された食料　domestically produced food	
カロリーベースの食料自給率　calorie-based food self-sufficiency rate	
頻繁に起こる異常気象　frequent occurrence of unusual weather	
一致団結して取り組むべき課題　issue to be tackled by uniting together	

13 The Use of Nuclear Power

原子力利用の是非をめぐる会話。その長所，短所とは？ 　　B13

A: Do you think Japan will ever completely give up using nuclear power, Noriko?

B: It's too early to say now. Until the disaster at the Fukushima **nuclear reactors** in 2011, our country relied on nuclear energy for about 30 percent of its electricity supply. One reason for the policy was to cut down on the import of fuel from abroad, but another was environmental. By reducing the **use of fossil fuels** to create electricity, our country could reduce its carbon emissions.

A: Still, I imagine that many people feel such a policy is too dangerous now. Nuclear power may help **reduce global warming**, but it can be environmentally disastrous in other ways.

B: According to recent polls, more than half of the country opposes nuclear power. The government, though, takes a different view. The fall in the value of the yen has helped exports, but it has also pushed up the price of imported fuel. This threatens to prevent the economic recovery.

A: What about alternative forms of energy such as solar power?

B: Japan actually spends a lot on research into **renewable energy**, but such sources are still far more expensive than nuclear power. My guess is that eventually the reactors will start running again.

原子力の利用

解説

　2011年の東日本大震災以降，日本では国内すべての**原子力発電所**（nuclear power station）が**稼働停止した**（ceased operation）。（現在一部の原発で再稼働も検討中である。）地震国日本では，**活断層**（active fault）により大地震が発生すれば甚大な被害が想定される。**南海トラフ地震**（Nankai Trough earthquake）への不安もあり，原発の安全性が改めて問われている。

　なぜ原子力使用への不安があるのか？　これには幾つかの理由が挙げられる。まず，原発自体の安全性**を担保**（guarantee）できていないことである。1986年に起きた**チェルノブイリ原発事故**（Chernobyl disaster）では大量の**放射能**（radiation）が漏れ，**白血病**（leukemia）をはじめ重い病気に苦しむ人が今も存在する。事故直後は**放射性降下物**（radioactive fallout）が日本にまで到達している。

　原発を利用する場合，**放射性廃棄物処理**（disposal of radioactive wastes）の問題もある。その工程は極めて困難なものであり，廃棄物がテロリストの手に渡れば**核兵器**（nuclear weapon）に転用されかねない。原発そのものを稼働させるにしても**ウラン燃料**（uranium fuel）が必要であるが，**鉱脈**（vein）からの**採取**（extraction）にも限度がある。

　化石燃料である石油を今のまま使い続けた場合，あと40年で枯渇するとも言われる。石炭を使用すれば**公害問題**（pollution issue）が発生する一方，**代替エネルギー**（alternative energy）も量的にはわずかにすぎない。原子力問題については**賛成論・反対論**（arguments for and against）などさまざまな主張がある。かけがえのない地球のためにも，今を生きる私たちが取り組むべき課題である。

語彙・フレーズ

原子炉 (l.4)	nuclear reactor
再生可能エネルギー (l.18)	renewable energy
電力の供給	supply of electricity
汚染拡散	pollution dispersion
除染	decontamination
地球温暖化を減らす (l.10)	reduce global warming
放射能にさらされる	be exposed to radiation
高い放射能を検出する	detect high radiation
原子力発電に依存する	depend on nuclear power
原発の輸出	export of nuclear power plants
放射性廃棄物の処理が難しい	be difficult to dispose radioactive wastes
節電に努める	make an effort to save electricity
化石燃料の使用 (l.7)	use of fossil fuels
安全神話	safety myth
使用済み燃料	spent fuel
経済を活性化する	stimulate the economy

14 Helping Developing Countries

日本がODAを通じて行っている発展途上国支援について。 🔊 **B14**

A: Professor Smith, you've told us a lot about the problems with U.S. aid to **developing countries**, but what about Japan? How does that compare?

B: In the 1990s, Japan became the leading **provider of ODA** in the world for a while, and even now it's in the top five.

A: But I hear that Japan has often been criticized by other donor countries for the way it gives aid.

B: That's true. First of all, most Japanese aid used to require it to be spent on buying products and services from Japanese companies. Nowadays, Japan has switched to loans rather than **grants**. Many countries don't even consider loans as ODA.

A: But surely that's a good thing in that it means the countries must use the aid in a productive way.

B: That's the Japanese government's view, but such policies can lead to serious debts. More recently, though, Japan has become more flexible about **debt forgiveness**. In my view, though, what's really needed is more emphasis on good governance and financial transparency on the part of **recipients**, combined with a greater stress on poverty reduction.

発展途上国援助

解説

　ODAとは**政府開発援助**（Official Development Assistance）のことである。これは政府が発展途上国などに対して支援をすることで，国連などの機関を通す**多国間援助**（multinational aid）と，直接支援する**二国間援助**（bilateral aid）から成る。既に185カ国・地域が日本の支援を受けてきた。

　世界では約6人に1人が1日1ドル以下で暮らし，5歳までに命を落とす乳幼児は年間約1,000万人，教育を受けられない子供は約5,700万人と推定される。日本はそうした国々に対して，**低利子**（low interest rate）で資金を提供し**インフラ整備**（infrastructure development）を進める**円借款**（yen loan）のほか，病院や学校建設への**無償資金協力**（grant aid）を実施している。さらに専門家を派遣し**技術協力**（technical cooperation）も行っている。

　発展途上国の支援に関しては3つの課題がある。1つ目は貧困撲滅である。貧困はテロや紛争の温床となるので早急な対応が求められる。2つ目は環境・医療対策で，CO_2問題や**伝染病**（epidemic）などは国境を越えて世界に甚大な影響を及ぼしている。日本の支援はもちろんのこと，各国の協力が欠かせない。3つ目は日本が石油や食料などを途上国に依存している点が挙げられる。途上国の安定があって初めてわが国は輸入が可能となることを踏まえ，自立に向けた長期的な支援を行う必要がある。

　国連の**ミレニアム開発目標**（Millennium Development Goals）は2015年までに達成すべき貧困や教育問題などの具体的な数値目標を設定した。国際機関や各国との協力に基づく援助が今後も欠かせない。

語彙・フレーズ

発展途上国　developing country	ODA供給国　provider of ODA
助成金　grant	債務の免除　debt forgiveness
被援助国　recipient	国際機関　international agency
外務省　Ministry of Foreign Affairs	大量の難民　mass refugees
難民を受け入れる　take in refugees	募金活動を行う　do fundraising

災害に見舞われた国　disaster-stricken country

紛争に苦しむ国民　people suffering from conflict

ボランティア活動に参加する　be involved in volunteer activities

自立に向けた訓練を提供する　offer training for self-sustainability

青年海外協力隊に参加する　participate in the Japan Overseas Cooperation Volunteers program

国連難民高等弁務官事務所　Office of the United Nations High Commissioner for Refugees, UNHCR

15 World Heritage Sites

世界遺産登録の目的と，それがもたらすものとは。　　　🔊 **B15**

A: Today, **UNESCO** announced its selection of World Heritage Sites for this year. Let's talk to David Sykes, a specialist in **heritage preservation**, about what this means.

B: Hello. So far, almost a thousand sites around the world have been chosen by UNESCO for this honor, either for their cultural significance or for their outstanding natural beauty.

A: What are the advantages of being chosen as a World Heritage Site?

B: The aim of the system is of course to help protect important cultural and natural sites from neglect or damage. In some cases, being chosen leads to the release of **conservation funds**; moreover, the sites on the list are protected against attack in wartime. But the biggest advantage is simply having more publicity.

A: You mean the publicity attracts tourists and this brings **economic benefits** to the surrounding communities?

B: Exactly. Some people argue, though, that this brings disadvantages as well. It often leads to the **commercialization** of the Heritage Site, with hotels and even entertainment districts developing around it. Moreover, more tourists always mean more wear and tear, arguably defeating the whole point of the exercise. But for me, like many others, I believe sharing our heritage and culture promotes understanding.

世界遺産

解説

　日本では**文化遺産**（Cultural Heritage Site）として富士山が2013年に，富岡製糸場が2014年に**登録**（registration）がなされた。ほかにも登録を目指す活動を続けているところがある。その主な理由は，**経済効果**（economic effect），**地域の活性化**（local revitalization），**日本への理解促進**（promotion of understanding toward Japan）である。

　しかし登録が好ましい効果ばかりをもたらすとは限らない。例えば富士山の場合，新たな課題も出ている。具体的には，登山者の増加による**環境悪化への懸念**（concern about environmental deterioration）や，**軽装の**（too lightly dressed）登山に対する**安全対策の必要性**（necessity of safety measures）が挙げられる。**入山料**（admission fee）徴収も，基準について議論が分かれている。また，山中湖のモーターボートが世界遺産の周辺環境としてふさわしいのかとの指摘も出ており，関係者を悩ませている。

　世界遺産登録のもたらす利点は計り知れない。しかし，登録のためだけの**推進活動**（promotion activities）では，登録後の課題に対処することが困難と言える。国内の**世論**（public opinion）や日本の将来を見据えて，当該地域も日本政府もしっかりと考える必要がある。さらに登録後も一時の**観光ブーム**（boom in tourism）で終わらせるのでなく，末永く支えていく姿勢が求められる。

　ドイツではいったん登録されたものの，**登録抹消**（deregistration）に至ったケースもある。これは**交通渋滞緩和**（easing of traffic congestion）のために建設された橋が，世界遺産地にふさわしくないとの判断が下されたためである。地元住民の生活が続く以上，**利便性**（convenience）と世界遺産のバランスをどう取るか，考えていく必要がある。

語彙・フレーズ

遺産の保護　heritage preservation (ℓ.2)	環境保全資金　conservation funds (ℓ.11)
経済的利益　economic benefits	商業化　commercialization (ℓ.17)
富岡製糸場　Tomioka Silk Mill (ℓ.14)	登録を目指す　aim for registration
効果をもたらす　bring about an effect	新たな課題が出る　have new issues
基準を設定する　set up a standard	計り知れない恩恵　invaluable benefit
将来を見据える　face the future	歴史的価値がある　have historical value
観光客の流入　influx of tourists	

国際連合教育科学文化機関，ユネスコ　United Nations Educational, Scientific and Cultural Organization, UNESCO (ℓ.1)

〜を末永く支える　support ... for many years to come

関係者は〜に悩んでいる　parties concerned are worried about ...

世界的に注目される　gain international exposure

16 Genetically Modified Crops

遺伝子組み換え作物の安全性，リスクについて考える。　　🔊 **B16**

A: I see the government has given permission for farmers to grow a **genetically modified** new strain of corn. I wonder if all these GM crops are really a good idea.

B: Most scientists seem to think they're perfectly safe. I know **genetic engineering** and biotechnology sound frightening, but it's just a new way of doing what farmers have done for centuries.

A: You mean selectively **breeding new varieties** of plants and animals? I can see that. But are there really no environmental risks?

B: Also, developing new crops that can **resist diseases** or pests is actually better for the environment than using **chemical pesticides**. And it's not just food crops that we're talking about. There is also bioremediation*, which is a process of renewing soil.

A: I guess the biggest potential problem is that these new strains are usually patented by the companies that develop them. This will mean farmers, even poor farmers, will have to **pay royalties** to use them. This could become a big problem for developing countries.

B: Still, not all GM crops are privately developed — there are freely available ones, too.

*ℓ.13　微生物を利用して環境を修復，浄化する技術

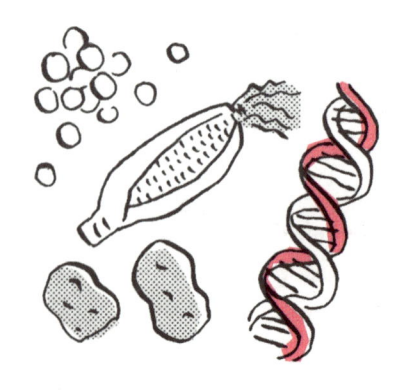

遺伝子組み換え作物

解説

　遺伝子組み換え作物（GM 作物）とは，**害虫に強い**（be pest-resistant / be resistant to pests）などの性質そのものにかかわる**遺伝子**（gene）だけを抽出し，組み込んで育てた作物を指す。取り出すのは遺伝子であり，作物同士**を掛け合わせる**（crossbreed）技術である**品種改良**（breeding）とは性質が異なる。ちなみに日本で豆腐を購入した際，**原材料名**（ingredients）のラベルを見ると，「大豆（遺伝子組み換えでない）」という表示がある。日本での食用大豆の自給率は約 25％ というのが現状であり，輸入される大豆の約 60％ はアメリカ産である。

　遺伝子組み換え作物の長所は何と言っても病気や害虫に強いことである。特定の**除草剤**（herbicide）に枯れることもない。つまり，農家にとっては**より少ない労力**（less effort）で確実に**収穫**（harvest）を見込めるのである。アメリカやカナダなどでは遺伝子組み換えでないタイプの方が生産量としてはむしろ減少しており，**アメリカ食品医薬品局**（Food and Drug Administration, FDA）も遺伝子組み換え作物の安全性をうたっている。

　しかし，本当に安全なのか，アレルギーや**生態系**（ecosystem）への影響はどうなのかという不安の声は依然として多い。ヨーロッパは遺伝子組み換え作物への慎重な姿勢を崩していない。日本には**遺伝子組み換え食品の表示義務**（mandatory labeling of genetically modified foods）があるが，アメリカは日本との貿易交渉で，この義務は売り上げ減につながるとして撤廃を要求している。私たち一人一人が摂取する食材であるが故に，皆が真剣に考えるべき課題と言えるだろう。

語彙・フレーズ

遺伝子組み換えの (ℓ.2)	genetically modified	遺伝子工学 (ℓ.5)	genetic engineering
新種を栽培する (ℓ.7)	breed new varieties	病気に抵抗する (ℓ.10)	resist diseases
化学農薬 (ℓ.11)	chemical pesticide	（特許の）使用料を払う (ℓ.17)	pay royalties
必須条件	mandatory requirement	除草剤をまく	spray herbicides
生態系への影響	effect on the ecosystem	収穫量が増える	produce higher yields
栄養価が高い	be highly nutritious	アレルギーを引き起こす	cause allergy
安全基準を満たす	meet safety standards		
健康問題を引き起こす	cause health problems		
厳格な検査を受ける必要がある	be subject to rigorous testing		
世界飢餓の可能な解決策である	be a possible solution to world hunger		
人の健康に有害である	be detrimental to human health		

17 Designer Babies

デザイナー・ベビーの実現は近い？　倫理面からどう考えるか。　　B17

A: I've been reading an article about the latest **reproductive technology**. It was arguing that soon "designer babies" will **be a real possibility**.

B: You mean using genetic engineering to choose your child's traits? I'm not sure that it's a good idea.

A: Well, people already do it to a certain extent by screening **embryos** for possible genetic faults. The next step, apparently, will be using **gene therapy** to replace faulty DNA with healthy DNA.

B: I guess it seems okay when we're talking about helping children by avoiding genetic problems such as diseases. But to go beyond that and positively select genes for beauty or intelligence doesn't sound so good to me.

A: I know what you mean. Breeding a race of superhumans does sound a bit like a science fiction movie.

B: Still, you could say that whenever people choose their mates for their looks or brains, they're already doing something a bit like genetic engineering. After all, it's a human instinct to want to have the best children possible. So, I guess I wouldn't be too surprised if people do try to "design their babies."

デザイナー・ベビー

解説

　デザイナー・ベビーは、受精卵の段階で行われる**遺伝子操作**（genetic manipulation）により、親が望むとおりの特徴や資質を備えて生まれてくる赤ん坊のことで、近い将来には技術的に可能になると言われている。最近、親の**唾液**（saliva）を用いて**遺伝子情報**（genetic information）を取り出して解析し、**病気のリスク**（risk of illness）などを予測する技術が開発され、デザイナー・ベビーを現実にするために応用し得るのではないかと議論を呼んでいる。

　2013年、アメリカの企業がこの手法に関する**特許を取得した**（obtained a patent）。2014年現在、1万円ほどで解析が可能となっている。**アルツハイマー病**（Alzheimer's disease）や**糖尿病**（diabetes）、**がん**（cancer）などの病気になる確率をはじめ、**アルコール耐性**（alcohol tolerance）や**運動能力**（exercise capacity）などもわかるという。**親心**（parental feeling）としては「病気にさせたくない」というものであろうが、病気の発症を決める要因は遺伝情報だけではなく、**生活環境**（living environment）や食生活も重要だと指摘する専門家もいる。

　デザイナー・ベビーの問題点としては、「検査をしたのに予想どおりの子供が生まれなかったらどうするのか」という点が挙げられる。裕福な者だけが検査にありつけるという**格差**（disparity）も生じるだろう。結婚前の検査によって「がんなどの**因子**（factor）を持つ人は結婚できなくなる」という恐れもある。技術面だけでなく、**倫理面**（ethical aspect）からも誰もが真剣に考えるべき問題である。

語彙・フレーズ

生殖技術 ℓ.1　reproductive technology	現実に可能になる ℓ.2　be a real possibility
胎児 ℓ.7　embryo	遺伝子治療 ℓ.8　gene therapy
解析されたデータ　analyzed data	予想外の　unexpected
低いアルコール耐性　low alcohol tolerance	親心から生まれた　out of parental feeling
専門家による警告　warning by specialists	規則正しい食生活　regular eating habits
危険因子の存在　presence of a risk factor	体外受精　in vitro fertilization, IVF
遺伝子情報に基づいた　based on genetic information	
アルツハイマー病になる　develop Alzheimer's disease	
生活環境に応じて　depending on *one's* living environment	
赤ん坊の性別を選ぶ　choose a baby's gender	
遺伝子疾患を持って生まれてくる　be born with a genetic disorder	

18 Animal Rights

動物の権利をどのように守っていくかというニュース報道での議論。　🔊 **B18**

A: Today, a group of **animal rights activists** broke into a government laboratory and removed the monkeys that were being used for **animal experiments** there. For some background on the incident, let's talk to our science correspondent.

B: Hi, Jim. The animal rights movement has in fact been growing in strength since the 1970s. **Extremists**, like the group responsible for today's raid, demand an end to all animal experiments, as well as to the hunting and farming of animals.

A: But surely these experiments are necessary to ensure the safety of medicine.

B: The experiments may be good for human beings, but according to activists, all animals are just as important as people. They say that if we don't allow experiments on humans, we shouldn't allow them on monkeys.

A: I'm sure that most people believe in keeping animal suffering to a minimum, but this goes beyond a traditional concern for **animal welfare**, doesn't it?

B: It does. This group insists we should stop **exploiting animals** in any way. They compare the use of animals to slavery and other forms of exploitation based on prejudice. They believe we should refrain from doing anything that adds to that suffering.

動物の権利

解説

　動物の権利は**古代の哲学者**（ancient philosopher）も触れた話題だが，近年では1970年代ごろから活発に議論されるようになった。とりわけ**動物の生命**（animal life）そのもの**を脅かす**（jeopardize）ような人々への抗議が増えたのである。具体的には**狩猟家**（hunter）や**毛皮産業**（fur industry）への反発である。こうした動きを受けて，街頭で毛皮を着る人の姿も大幅に減っている。

　動物の生命を守ることができれば，**絶滅の危機に瀕する動物**（endangered animal species）を守ることも可能となる。**不法な取引**（illegal trade）を食い止めるべく，対策を打ち出すことも現実味を帯びてくる。しかしその一方でさまざまな問題も生じている。例えば，動物とかかわりのある企業に対する抗議行動である。これまでも**業務妨害**（business interference）や建物への損害などがあった。そうした過激な活動は，**環境テロ**（ecoterrorism）と呼ばれている。**反捕鯨団体**（anti-whaling group）による日本の調査捕鯨妨害も問題になっている。

　今後の課題としては，不必要な動物実験や**虐待**（abuse）はもちろん避けるべきである。**行政**（public administration）による適切な取り締まりも求められる。しかしそれと同時に忘れてはならないのが，近年の**ペットブーム**（pet boom）である。ブームに流されて安易な気持ちで動物を飼い始めるケースが少なくないが，飽きたから捨てることは動物虐待に相当し，まさに動物の権利を脅かすことになる。人間の権利と同じく，動物の権利を守るにはどうするべきか，私たち全員がしっかりと考える必要がある。

語彙・フレーズ

動物の権利活動家 (ℓ.1)	animal rights activist
過激派 (ℓ.6)	extremist
動物を不当に扱う (ℓ.18)	exploit animals
種による差別，種偏見	speciesism
密猟	poaching
捨てられたペット	abandoned pet
動物の生命を脅かす	jeopardize animal life
政府による介入	intervention by the government
動物虐待を防ぐ	prevent cruelty to animals
動物実験に反対する運動を行う	campaign against animal testing
動物を人道的に扱う	treat animals humanely
人間の利害を優先する	give priority to human interests
動物に不要な苦しみを与える	inflict unnecessary suffering on animals
動物実験 (ℓ.3)	animal experiment
動物福祉［保護］(ℓ.16)	animal welfare
動物を飼う	keep animals
活発な議論	active debate
法律を制定する	enact a law
対策を打ち出す	come up with measures

19 Space Exploration

宇宙開発のメリットについて。

A: I have to give a presentation on the pros and cons of **space exploration** at my seminar this week.

B: That doesn't sound too hard. What are you going to say?

A: I've done a bit of research. One common argument in favor of it is the **spin-offs** from space research that benefit us here on Earth.

B: You mean like non-stick frying pans and so on? That hardly seems worth the gigantic outlays that **expeditions** into space involve. I think that people will always say that there are many more important problems on Earth, such as overpopulation and global warming, on which the money would be better spent.

A: I agree. So, a more important benefit might be that we could eventually colonize other **inhabitable planets** in the future. After all, our resources on Earth are rapidly becoming used up.

B: Still, it doesn't sound too convincing to me. After all, the nearest planet outside our solar system is still **light-years** away. Perhaps the best argument for it would be that it's invaluable because it gives us a deeper understanding of the universe we live in.

宇宙探査

解説

　宇宙開発（space development）が大きく進展したのは**冷戦時代**（Cold War era）である。当時アメリカと**旧ソ連**（former Soviet Union）は対立しており、技術を競い合うべく、こぞって宇宙開発に力を注いだ。現在の**国際宇宙ステーション**（International Space Station, ISS）や各種の**探査技術**（exploration technique）が発展したのは、そのおかげとも言えるだろう。

　人はなぜ宇宙に魅了されるのか？　それはひとえに宇宙が私たちにもたらすさまざまな要素による。人間は宇宙を考える際、夢や希望、未来を感じる。未知へのあこがれも強い。宇宙には私たち**人類**（humankind）がいまだに解明していないことが多く存在し、一説によれば、これまでわかったことは全体のわずか数パーセントだという。未知のものを知ることで、人々は自信を感じることができるのだ。また、長年**不景気**（recession）が続く日本にとって、国際宇宙ステーションの**宇宙飛行士**（astronaut）となった日本人たちの活躍は多くの勇気を与えてくれる。

　世界には貧困や**テロ**（terrorism）など多くの問題が存在する。それでもあえて宇宙探査を行うからには、そこからわれわれが知り得たことを謙虚に学び、次世代につなげるべきである。NASA や JAXA の宇宙飛行士や研究員たちの貢献を支持し、私たち一人一人も何かしら世の中の役に立つという意識を日常生活の中で抱くことが大切だと言える。

語彙・フレーズ

宇宙探査 ℓ.1	space exploration
探検 ℓ.7	expedition
光年 ℓ.15	light-year
謎を解く	unravel a mystery
宇宙に魅了される	be attracted to space
火星に生命を発見する	find life on Mars
未知へのあこがれ	longing for the unknown
〜を次世代に伝える	pass on ... to the next generation
アメリカ航空宇宙局	National Aeronautics and Space Administration, NASA
宇宙航空研究開発機構	Japan Aerospace Exploration Agency, JAXA
米ソ対立	confrontation between the United States and the Soviet Union
科学的大発見をする	make a scientific breakthrough
副次効果 ℓ.5	spin-off
居住可能な惑星 ℓ.12	inhabitable planet
〜のおかげで	thanks to ...
謙虚に学ぶ	learn humbly
有人宇宙飛行	manned space flight
宇宙に挑む	venture into space

20 Robot Engineering

私たちの生活へのかかわりを深めていくロボットの役割について。　　🔊 **B20**

A: Did you see that new robot they were showing at the mall? It was so sweet. It could walk and talk like a person. I'd like to have a robot like that at home.

B: I did see it, but **humanoid robots** like that are really just toys. The really useful robots are the industrial ones that are used to manufacture goods. They're really growing in number.

A: I can see that **industrial robots** are more economical and efficient than human beings. After all, you don't have to pay them and they don't need to take breaks. But aren't they for that reason taking away important employment opportunities from people?

B: In the short term, maybe, but the fact is that we're facing **labor shortages** which will certainly grow worse in the future. Robots can take over the **repetitive jobs** that are suited to machines and leave more creative work to people.

A: And I guess that they're very useful in dangerous conditions, like in fires or underwater.

B: That's right, although I'm a bit worried about their possible use in warfare. After all, they **have no sense of right or wrong**. So, I hope that the military will still consist of human beings.

■ ロボット工学

解説

　ロボット工学（robot engineering）の**進歩**（advancement）は近年目覚ましく，日本においてはとりわけ高い技術力が見られている。工場での**自動化生産**（automated production）にロボットが使われるのはもちろんのこと，ホンダの「アシモ（ASIMO）」のような**二足歩行ロボット**（bipedal robot），ソニーの「アイボ（AIBO）」のような**ペットロボット**（robotic pet）も発明されている。家庭用ロボットとしては，アメリカで開発された**ロボット掃除機**（robotic vacuum cleaner）が人気だ。介護現場でロボット技術を活用する研究も進められている。

　ロボットの利点は，何と言っても反復作業の自動化である。かつての工場では人が繰り返し作業を行っていたが，今はロボットに取って代わられている。代わりに人間は頭を使う，より**生産的な仕事**（productive work）を行えるようになった。また，ロボットを使えば品質管理も均一にでき，大量生産も可能という長所がある。

　しかし，一方で課題も少なくない。ロボット自体が壊れない保証はないので，**過度の期待**（excessive expectations）は禁物だ。ペットロボットはすぐに飽きられてしまう側面もあり，やはり人と人，あるいは人と生きた動物の触れ合いこそ大切と言える。最近では，いわゆる**殺人ロボット兵器**（killer robot）をどこまで規制するかという問題もある。人が制御できなくなる危険性をはらむだけに，ロボットの開発には慎重さも求められる。

語彙・フレーズ

人型ロボット	humanoid robot	産業用ロボット	industrial robot
労働力不足	labor shortage	反復作業	repetitive job
頭を使う仕事	brain work	～に飽きる	be bored with ...
真のふれあい	real communication	制御できない	uncontrollable
誤作動する	malfunction	軍事使用される	be put to military use

善悪の概念がない　have no sense of right or wrong
目覚ましい進歩　remarkable advancement
高い技術力を示す　show a high level of technology
安定した品質管理　consistent quality control
大量生産に従事する　be engaged in mass production
～という保証はない　There is no guarantee that ...
殺人ロボット兵器の使用を規制する　restrict the use of killer robots
過酷な環境で働く　work in a harsh environment
人間に取って代わる　take the place of humans

21 Public Opinion Surveys

インターネットでも行われるようになった世論調査についての会話。 🔊 **B21**

A: I got an email this morning asking me to **answer a questionnaire** about my attitudes toward government policy.

B: Oh, yes. **Internet public opinion surveys** are becoming more common these days. Some people say that emails are more reliable than traditional telephone surveys.

A: But aren't they going to **be biased toward** the views of younger and wealthier voters? After all, not everyone in the population has an Internet connection. If they use those views to assess public opinion on issues, the results will be **misleading**, won't they?

B: Those who carry out the surveys say they correct any such biases. But nowadays more people have Internet access than they have telephone landlines. All surveys **have** pretty **low response rates**, so I guess they always involve some distortion. What experts say is that their predictions are usually pretty accurate.

A: It's interesting. I think what I would say when I'm reading the questions and writing the answers is probably a bit different from what I would say if I was talking to someone directly.

B: Yes, I've heard that people tend to answer more honestly about their personal preferences and their lifestyles when they're writing than when they're speaking. So Internet surveys may in fact be more reliable.

世論調査

解説

　最近はインターネットを用いた**世論調査**（public opinion survey [poll]）が頻繁に行われている。かつては紙でアンケート用紙を送付したり，調査員が対象者の自宅に訪問したりする手法が取られていた。今は世論調査以外にも**商品開発**（product development）のためのアンケートや**モニター制度**（monitoring system）でインターネットが利用されている。

　ネット調査の長所は主に3つある。まず，いつでもどこでも回答ができる点が挙げられる。**回答者**（respondent）は自宅にいなくても**ネット環境**（Internet environment）さえあればその場で答えることが可能だ。これによる回答者の増加が2つ目の長所である。調査を実施する側は大量にサンプル**を抽出する**（extract）ことができるため，集計用の**母集団**（population）も増えることになる。3点目は，**即時回答**（instant response）による作業の**迅速化**（acceleration）である。かつては郵送でアンケートを送り，**手書きの回答**（handwritten answer）を集計する作業が行われたが，ネットの場合，クリックするだけですぐに機械が集計してくれる。電話アンケートのようなオペレーターも不要なので，**人件費**（personnel costs）も節約可能だ。集計結果をコンピューターが瞬時に分析するので，結果を早く公表することもできる。

　利点が多いネット調査であるが，その一方で課題もある。ネットの場合，いい加減にクリックボタンを押す人がいることも否定できない。また，本人とは異なる**属性**（attribute）**になりすまし**（pretend）て回答する者が出てくるかもしれない。近年は**ネット選挙**（Internet election）の導入も盛んに議論されているが，そうした問題点を一つ一つ検証した上で実施することが求められる。

語彙・フレーズ

～に偏っている　be biased toward ...	誤解を招く恐れがある　misleading
回答率が低い　have a low response rate	いい加減に答える　answer randomly
瞬時の分析　instant analysis	サンプルを抽出する　extract samples
人件費を削減する　cut personnel costs	対面調査　face-to-face survey

アンケートに答える　answer a questionnaire
インターネット世論調査　Internet public opinion survey [poll]
世論調査を実施する　conduct a public opinion survey [poll]
アンケート回答者　questionnaire respondent
手書きの回答を集計する　count handwritten answers
他人になりすます　pretend to be someone else
インターネットで質問に答える　answer questions online
ハッキングに弱い　be vulnerable to hacking

22 Healthcare System

日本の医療制度が抱える問題についての会話。　　🔊 **B22**

A: I see that the charges we'll have to pay the first time we visit a doctor about something are set to rise. Since we already pay the government for our **health insurance** every month, this seems pretty unfair to me. Why should we have to pay again?

B: It makes sense to me. After all, although everybody pays for **universal healthcare**, not everybody uses the system to the same extent. The charges are there to discourage people from going to a doctor too easily.

A: Though I think our system is better than that in countries where some people have no insurance whatsoever, there must be other ways to keep costs down.

B: Well, one way is to switch to **cheaper generic drugs**, but I hear that doctors are doing that already. The real problem seems to be the costs of **running hospitals**. Nurses, cleaners, and other staff all cost a lot more than they used to.

A: Still, they're not paid that much. I read somewhere that a major cause of rising costs is buying new technology.

B: I guess when we're sick, we should remember that the quality of the healthcare we receive is also rising all the time.

医療制度

解説

　日本の**国民皆保険制度**（universal healthcare system）の始まりは，1958年の**国民健康保険法**（National Health Insurance Act）の**制定**（enactment）までさかのぼることができる。それまでは国民のおよそ3分の1が**無保険者**（uninsured individual）であり，社会的にも大きな課題となっていた。ちなみにイギリスには**国民保健サービス**（National Health Service, NHS）という制度があり，国民はかかりつけの診療所に登録し，診察を受けるためには予約が必要となる。日本のように具合が悪くなったらとりあえず病院で診てもらえるという仕組みは，世界でもまれなものと言える。アメリカでは，オバマ大統領が国民皆保険を目指しているものの，必ずしも好評とは言い難いのが実情だ。

　国民皆保険の長所は日本の場合，すべての国民が病気やけがの際に**診察**（medical examination）・**治療**（treatment）を受けられる点である。**自己負担額**（copayment）も低く抑えられており，子供の医療費に関しては高校生まで無料の自治体もある。**検査**（examination）や**処方箋**（prescription）の提供も迅速で，病気の**早期発見**（early detection）および**迅速な回復**（quick recovery）に貢献している。

　しかし課題も少なくない。多少の体調不良でも診察を希望してしまうため，病院は**外来患者**（outpatient）であふれている。**救急車**（ambulance）を安易に利用する傾向もある。

　近年では年金，**医療保険**（medical insurance）などすべてを**マイナンバー制**（"My Number" system）にする動きも見られる。国民皆保険の長所を保ちつつ，国民が安心できる制度を導入することが求められる。

語彙・フレーズ

健康保険	health insurance (ℓ.3)	国民皆保険	universal healthcare (ℓ.6)
病院を運営する	run a hospital (ℓ.14)	要予約	by appointment only
介護保険	nursing insurance	健康保険証	health insurance card
社会保険制度	social insurance system		
より安価なジェネリック医薬品	cheaper generic drug (ℓ.12)		
外来患者であふれた病院	hospital full of outpatients		
救急車の適正利用	appropriate use of an ambulance		
子供の医療費無料	free healthcare for children		
会社が支払う社会保険料	social insurance premiums paid by a company		
患者のニーズに対応する	meet patients' needs		
医療サービスの質を向上させる	improve the quality of medical services		

23 Regenerative Medicine

今後さらなる発展が期待される再生医療に関する会話。　　　B23

A : Professor Smith, what's this **"regenerative medicine"** people are talking about?

B : Basically it refers to a new branch of medicine in which cells grown outside of the body are used to **replace** or regenerate **damaged cells** or organs inside the body. It's a very exciting new area of medicine, but it remains quite controversial.

A : So if someone had a diseased heart, for example, the muscles could be replaced by using cells? That does seem interesting.

B : That's right. In theory, a whole new heart could be created in a laboratory and then transferred to the body. And the same goes for other organs, too.

A : That sounds a little like **cloning**. I guess some people would be worried about the prospect of replacing parts of the body with something grown by scientists. There is also the **ethical question** of growing cells for this purpose.

B : Another problem is the great cost of the treatment, which means it would very likely be restricted to the very rich. However, much more research is needed before it **becomes practical**, which could take many years.

再生医療

解説

　再生医療とは，失われた**組織**（tissue）や**器官**（organ）などを再生させ，**機能を回復させる**（restore function）医療である。具体的には，ヒトの骨や**神経**（nerve）などを**人工的に**（artificially）作り，臓器や組織などを治すものである。これまで研究者がさまざまな試みを行い，皮膚や**血管**（blood vessel）などを作ることに成功した。

　再生医療で特に期待が高まるのが，**難病の治療**（treatment of intractable diseases）である。特に，**パーキンソン病**（Parkinson's disease）は再生医療の対象となる可能性が高いとされている。既に**ブタ胎児**（fetal pig）などの**細胞移植**（cell transplantation）を用いた**臨床試験**（clinical trial）も実施されており，実現可能な時期が近いのではとの期待が高まっている。ほかにもけがによる**皮膚欠損**（defect in the skin）や**軟骨欠損**（cartilage defect）なども再生医療を応用できるとされている。実現されれば，**やけど**（burn）などの治療でも画期的な展開が期待されるだろう。

　その一方で，安全性の確保を求める声も根強い。美容の分野で実用化されている再生医療は**自由診療**（medical treatment at *one's* own expense）であり，トラブルも多く報告されている。質の高い再生医療の研究開発を進めるためには，確固たる指針が欠かせない。**技術レベルのばらつき**（variation in technical levels）をどう克服するかも課題だ。難病を克服したい，安全な治療を受けたいと願う患者たちのためにも，政府や医療機関による**法整備**（development of laws）や**監視**（supervision）の強化が急がれる。

語彙・フレーズ

再生医療	regenerative medicine (ℓ.1)	クローン作成	cloning (ℓ.12)
倫理的問題	ethical question (ℓ.14)	実用化される	become practical (ℓ.18)
拒絶反応	rejection	幹細胞	stem cell
再生した組織	regenerated tissue	人工的に作られた	artificially-made
成功した実験	successful experiment	画期的な治療法	breakthrough therapy
質の高い治療	high-quality treatment	最先端医療	state-of-the-art medicine

損傷した細胞を交換する　replace damaged cells (ℓ.4)
難病を克服する　overcome an intractable disease
早急な法整備　immediate development of laws
自己複製能を持つ　be capable of self-renewal
新しい臓器に拒否反応を起こす　reject a new organ
まだ実験段階である　be still in the experimental stage
〜の治療に大きな可能性がある　have great potential in the treatment of ...

24 Natural Disasters

地震などの自然災害を予測することは容易でなく、日ごろからの備えが必要。 　B24

A: Did you see the news about the floods in Europe? It seems like every day we hear more news of some **natural disaster** occurring somewhere on the planet.

B: I know. It seems strange that scientists aren't better at **predicting these disasters**. If we could know when they were going to come, then we could **minimize the suffering** they cause.

A: Researchers are trying, but most disasters are difficult to predict because they're the products of very complicated systems like the weather. In the 1970s, many scientists were confident that they would be able to predict earthquakes using new technology, but in fact it has turned out to be almost impossible.

B: **Early warning systems**, though, are a big help. I think governments should certainly invest more money in them.

A: I agree. It always helps to **be prepared**. But without some idea of how likely a natural disaster is, it's difficult to decide how much money should be spent preparing for one. That's the real problem. After a disaster occurs, of course, everyone thinks we should have been better prepared.

B: That's true. Even when scientists say that a disaster is likely, it still doesn't mean that it'll necessarily happen.

自然災害

解説

　自然災害とは，**火山噴火**（volcanic eruption）や**台風**（typhoon），**地震**（earthquake）など，**自然現象**（natural phenomenon）が原因となる災害を指す。これに対して**人為災害**（man-made disaster）とは人間が原因となる災害のことで，**環境汚染**（environmental pollution）や**自然破壊**（destruction of nature）を含む。統計によれば，世界で発生した**マグニチュード**（magnitude）6以上の地震のうち日本で発生したものは約20％で，災害で死亡する人の0.3％が日本人，**被害金額**（financial damage）の12％近くが日本の被害金額である。世界の中でも日本は災害の**発生率**（incidence rate）が高い。このため日本政府は，**防災関係予算**（disaster management related budget）として年間およそ4.5兆円**を計上し**（allocate）ている。

　防災の具体策としては，地震災害，**水害**（flood damage），**土砂災害**（sediment disaster / damage from a landslide）や**津波**（tsunami）などへの対策が挙げられる。日本は**東日本大震災**（Great East Japan Earthquake）をはじめとする大地震を経験した国であり，学校や自治体などでも**防災訓練**（disaster drill）は日ごろから導入されている。また，住民の防災意識も高い。台風による水害や土砂災害に対しても自治体が**ハザードマップ**（hazard map）を公表するなど，啓蒙活動は盛んに行われている。企業が緊急事態に対応するための**事業継続計画**（Business Continuity Plan）の具体化も促進されている。

　世界ではさまざまな災害が発生しており，災害大国日本は自らの知識や経験を活かすことで，世界の大規模災害に際して貢献することができる。政府や**非政府組織**（non-governmental organization，NGO）などの活躍が期待されている。

語彙・フレーズ

自然災害　natural disaster	災害を予測する　predict disasters
苦しみを最小限にする　minimize suffering	早期警戒システム　early warning system
備える　be prepared	高い発生率　high incidence rate
復興の兆し　sign of recovery	復興支援　reconstruction support

大きな被害を受ける　be heavily damaged
必要な物を備蓄する　stock necessary items
停電に備える　be prepared for a power failure
政府による災害対策　government's disaster countermeasures
津波に備えて防潮堤を建設する　construct coastal levees in case of tsunami
マグニチュード6の地震に見舞われる　be struck by a magnitude 6 earthquake

25 Renewable Energy

近年注目される再生可能エネルギーについての会話。 🔊 **B25**

A: Everybody talks about global warming, but no one seems to actually be prepared to do anything about it.

B: I don't think that's really true. For example, a lot of research is now being carried out into **renewable energy** and more and more countries are adopting policies designed to encourage people to use such energy.

A: You mean things like **solar power** and **wind power**? Of course, those kinds of energy sources don't cause pollution like **fossil fuels** and nuclear energy, but aren't they much more expensive? Are they really practical?

B: Actually, renewable sources of energy already provide about 16 percent of the world's energy needs. Iceland, for example, relies almost completely on a renewable source of energy, **geothermal energy**.

A: But that's rather a special case, isn't it? After all, they have so many volcanoes to draw energy from. But for other countries, it's not so easy. Surely geothermal energy remains unattainable for most countries.

B: In the long run, it'll be most beneficial to invest in some form of renewable energy, which not only helps us cope with the effects of global warming, but helps us develop better ways of using renewables.

再生可能エネルギー

解説

再生可能エネルギーとは，**自然界**（nature）に存在する**地球資源**（earth's resources）の一部，例えば風力や地熱，太陽光などを指す。最大の特徴は「**二酸化炭素**（carbon dioxide）**を排出し**（emit）**ない**」「**枯渇し**（dry up）**ない**」「どこにでもある」という点である。世界では温暖化が進み，また，石油や石炭などの化石燃料が枯渇する恐れから，近年は再生可能エネルギーが注目されている。日本では，自然から作られる電気はわずか2.2%で，ダムを用いた**水力発電**（hydroelectricity）でも8.5%に過ぎない。よって再生可能エネルギーへの期待は高い。

再生可能エネルギーの利点は上記3点のほかにも幾つかある。例えば新たなエネルギーの創出に向けて技術開発を進めることは，技術そのものへの進歩に貢献していると言える。これが**雇用創出**（job creation）につながり，**輸出産業**（export industry）へと発展する可能性もある。また，一般市民が**エネルギー問題への意識を高める**（raise *one's* energy awareness）ことにより，啓蒙にもつながる。

ただし，課題は少なくない。石油や石炭と比べれば再生可能エネルギーによって生まれるエネルギーは圧倒的に少なく，われわれが今と同じ生活を営むにははるかに足りない。また，太陽光などは天候に左右されてしまうため，**エネルギー量**（energy amount）にも変動が出てしまう。さらに**設備**（facility）を整えるために高額な**初期投資**（initial investment）も必要となる。さらなる意識改革や技術革新が求められる。

語彙・フレーズ

再生可能エネルギー	renewable energy (l.4)	太陽光	solar power (l.7)
風力	wind power (l.7)	化石燃料	fossil fuel (l.8)
地熱エネルギー	geothermal energy (l.13)	自然界に存在する	exist in nature
低炭素社会	low-carbon society	循環型社会	recycling-based society
技術革新	technological innovation	進む温暖化	continuing global warming
天候に左右される	depend on the weather	次世代エネルギー	next-generation energy
不安定な供給	unreliable supply		

- 枯渇しないエネルギー　energy which cannot be depleted
- 〜に高い期待を持つ　have high expectations of ...
- バイオマス発電　biomass energy generation
- 持続可能な未来をつくる　create a sustainable future
- 急速に増えるエネルギー需要　rapidly increasing energy demand
- コストを消費者に転嫁する　pass on costs to consumers
- 大気に汚染物質を放出する　release pollutants into the atmosphere

26 Biodiversity and Endangered Species

脅威にさらされる生物多様性についての議論。　　　B26

A : Today, another report was published by scientists, addressing the great destruction that's being wrought upon the **biosphere** by economic exploitation and climate change. Let's talk to an expert on the problem, Professor David Jones. What are the main threats to **biodiversity** today, Professor?

B : The biggest cause of the loss of biodiversity is the **destruction of habitat** by human beings, but climate change is certainly another important threat.

A : In other words, human beings are the main cause.

B : That's correct. Actually, one problem is that levels of biodiversity vary greatly across the planet. The most biodiverse regions are concentrated in the tropics. In fact, one country, Colombia in South America, contains about 10 percent of all the world's known species.

A : And habitats in these tropical countries are particularly under threat?

B : Yes, they are. Population growth, poverty, and globalization are leading to the rapid **deforestation** of these species-rich areas. Apart from anything else, this represents a tragic loss to human beings because many of the animals and plants being lost haven't been thoroughly studied. Who knows what major contributions they could have made to human life in terms of medicine or nutrition? But now they'll be lost to us forever.

■ 生物多様性と絶滅危惧種

解説

「生物多様性」という言葉が初めて使われたのは 1985 年のことである。この語は biological（生物的な）と diversity（多様性）が組み合わされて生まれた。20 世紀の後半に入り，地球温暖化や**環境問題**（environmental issue）が深刻になる中，われわれ一人一人が生物多様性をしっかりと理解し，解決していくことが求められるとのメッセージが広まった。

中でも近年大きな課題となっているのが以下の 3 点である。まず，**開発**（development）などで生態系そのものが**脅かされている**（be threatened）ことが挙げられる。例えばかつて**湿地帯**（wetland）だった所が**乱開発**（overdevelopment）で干上がってしまい，そこで生きる生命が影響を受けている。2 点目として，農業人口の減少も見過ごすことができない。なぜなら，**農作業**（farm work）に従事する人が減れば，山や畑が荒れてしまう。生き物にとって**快適な環境**（comfortable environment）が失われることにより，生態系に変化が生じてしまうのだ。さらに 3 点目として解決すべき課題に，**外来生物**（alien species）の問題がある。海外からの輸送品などに紛れて外来生物が入り込むことにより，日本**固有の種**（indigenous species）が**絶滅する**（become extinct）事態が今まさに起きている。

ではどのように解決すべきか？　まずは人々への啓蒙活動が必要である。未来を担う子供たちに学校で指導を行うほか，一般市民に対しても意識を高める試みが求められる。また，人々が**具体的な行動**（specific action）を取るべく，**活動に参加する**（participate in activities）のも一案だ。自然を汚さない，温暖化を防ぐなど，少しずつできる活動から始めていくことが必須と言える。生物多様性を守るためにも，小さな一歩が求められるのである。

語彙・フレーズ

生物圏　biosphere (l.2)
生息地の破壊　destruction of habitat (l.6)
絶滅危惧種　endangered species
脅かされた生態系　threatened ecosystem
地球温暖化に直面する　face global warming
環境問題が深刻化する　environmental issues becoming serious
急激な農業人口の減少　sharp decrease in agricultural population
日本固有の種　species indigenous to Japan
子供たちに農業体験をさせる　let children experience farming
自治体主導の活動　activities led by the local government
NPOによる環境教育　environmental education conducted by NPOs
実効性のある目標を設定する　set a feasible goal

生物多様性　biodiversity (l.5)
森林伐採　deforestation (l.18)
解決すべき課題　issue to be solved
地球にやさしい生活　earth-friendly living

27 Ecotourism

今後の課題も含めたエコツーリズムについての会話。

A: Sandy, you're enthusiastic about **nature conservation**, aren't you? What do you think of the trend of "**ecotourism**"?

B: Actually, I feel rather skeptical about it. Of course, it sounds good — visiting untouched sites of natural beauty in order to study **ecology** and also to contribute money that will help protect those areas from exploitation.

A: Yes, what could be wrong with that? It's surely better than damaging such sites by developing them.

B: If that was what really happened, then it would be better, but in many cases it's a classic example of "**greenwashing**." In other words, it's just a way to make people feel that something is good for the environment when it really isn't. In fact, it's usually just a nice word for tourism, and tourism always harms places.

A: Can't governments regulate ecotourism so that it'll be clearly less harmful?

B: There have been some attempts to support the industry by awarding benefits. The trouble is that governments need the income it generates, too. Indeed, one big problem is that little of the money involved actually reaches the **local communities**. Most of it is simply kept as profit by big international travel companies.

■ エコツーリズム

解説

「エコツーリズム」という言葉は政府や団体によって捉え方がさまざまであるが，日本の**環境省**（Ministry of the Environment）は「**自然環境**（natural environment）や**歴史文化**（history and culture）を対象とし，それらを体験し，学ぶとともに，対象となる地域の自然環境や歴史文化の**保全**（preservation）に責任を持つ観光のあり方」と定義している。

エコツーリズムには幾つかの利点がある。とりわけ大きいのが「問題意識の高まり」である。地球の資源に限りがある中，エコツーリズムは，人々が環境，人口，**貧困**（poverty）や教育などの幅広い課題を考える切っ掛けを与える。また，エコツーリズムで**助け合う**（help each other）ことにより，地元住民の**自立**（self-sustainability）が生まれてくる。例えば**井戸掘り**（well-digging）や技術提供のツアーは現地の人々の自立につながる。さらに，旅行を通じて**収益**（profit）が上がれば地元が潤うことになり，それが新たな**資金源**（source of funds）となる。

ただし，課題も見逃せない。参加者が「手伝ったつもり」になってしまい，それに満足してしまう点も挙げられる。さらに，エコツアーが提供する内容が必ずしも**地元のニーズ**（local needs）を反映したものとは限らない。**開発企業**（development firm）と旅行会社（travel company）が**利権**（interest）を狙う内容も海外では散見される。また，観光客が押し寄せることで**ごみ**（garbage）や騒音が発生し，**環境悪化につながる**（lead to environmental degradation）ことも挙げられる。よってエコツアーに参加する際には，その真の目的と結果を熟慮する必要があると言えるだろう。

語彙・フレーズ

自然保護 (l.1)	nature conservation
生態学 (l.5)	ecology
魅力のある地域	attractive area
自然と共生する	coexist with nature
グリーンウォッシング (l.10)	greenwashing *環境にやさしい活動を装うこと
人々の自立を促す	encourage people's independence
観光客が押し寄せる	tourists come flooding in
地域社会を活性化する	revitalize a local community
地域経済を活発にする	boost the local economy
エコツアーに参加する	participate in an ecotour
世界中から観光客を呼び込む	attract tourists from all over the world
人と自然が調和して生きる世界	world where people and nature live in harmony
環境影響評価を行う	conduct an environmental impact assessment
エコツーリズム (l.2)	ecotourism
地域社会 (l.19)	local community
観光資源を守る	protect tourism resources

28 Higher Education

大学教育の役割とは何かについての会話。　　🔊 B28

A: I read today that more than 50 percent of Japanese people go on to university or some other form of **higher education** after high school. Don't you think that too many people go to university nowadays?

B: Not really. After all, Japan has few resources other than its people. If it is to survive in the future, it needs a highly **educated population** capable of coming up with creative solutions to the country's problems.

A: But what people study at university is so impractical. What's the point of so many people studying philosophy or literature? How will that help Japan survive?

B: Well, a lot of people are going to **vocational schools** and learning practical skills, too. But the point of going to university is a bit different. Even if you're studying academic subjects with little practical purpose, you're in fact also learning to think creatively.

A: Maybe, but it seems to me that there should be more variety in what universities teach. Every university still seems to teach the same traditional subjects.

B: I guess that that's partly because of the way they're **supervised** by the government. But bureaucratic control has become much lighter more recently and many universities are developing new courses of study.

■ 高等教育

解説

　日本では近年，少子高齢化が進み，子供の数が減っているにもかかわらず，大学の数は**ピーク時**（peak period）とさほど変わらない。よって，**えり好みし**（be choosy）なければ誰でも大学に進学できる時代となったのである。**文部科学省**（Ministry of Education, Culture, Sports, Science and Technology）によると，2014年の**大学進学率**（university enrollment rate）は48％となっており，頭打ち状態だ。これは景気低迷による**教育支出**（expenditure on education）の減少なども影響している。

　一方，日本の**識字率**（literacy rate）は99％を上回っており，諸外国と比べて非常に高い。**義務教育**（compulsory education）も整備されており，世界からは，日本人は真面目で**勤勉な**（diligent）国民だと評されている。

　安定した教育環境と言える日本だが，今後に向けた課題も**厳然としてある**（clearly exist）。それは，さらなる少子高齢化が原因となる大学の**倒産**（bankruptcy）や**淘汰**（shakeout）である。どの大学も昨今は海外の大学と提携したり**社会人学生**（mature student）の数を増やしたりとさまざまな対策を打ち出している。しかし，全入時代による高等教育機関そのもののレベル低下も深刻な問題である。**財務状況**（financial situation）の**見直し**（review）だけでなく，教育内容そのものに**てこ入れする**（bolster up）ことも求められていると言えるだろう。

語彙・フレーズ

高等教育　higher education (ℓ.2)	教育を受けた人々　educated population (ℓ.6)
職業学校　vocational school (ℓ.12)	～を監督する　supervise (ℓ.19)
苦しい家計　tight household budgets	破産申し立てをする　file for bankruptcy
学力低下　declining academic standards	

学際的なカリキュラム　interdisciplinary curriculum
読み書きができない人々　people who cannot read or write
読み・書き・算数　reading, writing, and arithmetic
成人学習者向け講座　course for adult learners
（人）のモチベーションを上げる　boost *someone's* motivation
人材を育成する　develop human resources
教育機会の拡大　expansion of educational opportunities
グローバルな競争を勝ち抜く　survive the global competition
質の高い教育を維持する　maintain quality education
減少する18歳人口　declining 18-year-old population

29 Scholarships

奨学金制度の是非をめぐる会話。

A: Universities seem to be becoming more and more expensive, even the public ones. At the same time, there are fewer and fewer **scholarships** for people. It seems very unfair.

B: I don't agree at all. After all, the people who benefit financially from a university education are the students themselves, so why should taxpayers pay them to study?

A: But it seems wrong that having money problems can prevent someone from going to university. Students should be selected on the basis of their **intellectual ability**, not their **financial status**.

B: Such students can borrow the money they need to go to university if they need to. If we make it too easy for people to go, then they won't be motivated to study there.

A: But a higher level of education helps the whole society, not just the individuals. If we discourage some smart people from going, we're just lowering the **potential academic standard** of the university, as well as helping to perpetuate a class system.

B: I don't think education is the way to fix **inequality**. What we need are lower taxes and more economic growth to do that.

奨学金

解説

　近年の日本の奨学金制度は充実している。特に若者が**海外に留学する**（study abroad）ことができるようにと，大学をはじめ自治体や企業，**民間団体**（private organization）などが提供する奨学金も増えてきている。グローバル化が叫ばれる中，**内向き志向**（inward-looking attitude）から**幅広い視野**（broad view）を持った**人材育成**（human resource development）へとシフトしていることがわかる。

　日本がまだ決して豊かではなかったころ，学生たちは苦労して**学費**（academic fees）を稼いだ。**住み込みの**（live-in）**アルバイトをし**（work part-time）たり，生活費を削ったりという具合だ。奨学金も旧**日本育英会**（Japan Scholarship Foundation）のものぐらいしかなく，そこから得たお金で**学業を修め**（pursue *one's* studies），社会人になってから**こつこつと返済する**（repay steadily）という光景が見られた。また，海外留学が珍しかった時代には，**ロータリー財団**（Rotary Foundation）や**フルブライト奨学金**（Fulbright Scholarship）なども非常に**倍率が高かった**（competitive）。

　今の学生たちは，ややもすると**就職活動**（job hunting）が**最優先項目**（utmost priority）になり，海外へ出かけるよりも順当に4年間を大学で過ごし，仕事を探したいという気持ちが強いかもしれない。しかし多様な経験ができるのも若いころならではだ。自治体や民間団体が海外留学用の奨学金を提供するのも，国外でさまざまな**異文化体験**（intercultural experience）をして，それを**人生観**（view of life）や**仕事観**（outlook on work）に役立ててほしいという願いが込められているからである。

語彙・フレーズ

奨学金	scholarship
経済状態	financial status
学位を取得する	earn a degree
生活費を削る	reduce living expenses
経済的インセンティブ	financial incentive
潜在的な教育水準	potential academic standard
大学の学費を稼ぐ	earn money for university
無利息 / 利息付	interest-free / with interest
日本学生支援機構	Japan Student Services Organization
塾講師のアルバイトをする	work part-time as a cram school tutor
民間団体が拠出する奨学金	scholarship funded by private organizations
人材育成を重視する	place importance on human resource development
知的能力	intellectual ability
不平等	inequality
返済不要	no need for repayment
かけがえのない体験	invaluable experience

30 The Role of Sports

スポーツを重視する学校の指導についての保護者と教師の会話。

A: I have a question about your policy regarding sports.

B: Yes, Mrs. Smith. What is it?

A: Aren't you **putting** too much **emphasis on** sports at the school? My son has to get up at five every morning to attend soccer practice. Surely school should be a place for studying, not for playing sports.

B: We think differently, I'm afraid. We believe that sports **play a great role** in education. Through them, children can learn many important things, such as **endurance**, **perseverance**, and teamwork. Playing sports also helps them to **release the stress** that comes from studying hard.

A: I think sports encourage children to be aggressive and competitive. Moreover, sports create a hierarchy where the most talented are considered the most superior. This creates too much pressure for kids who aren't good at sports.

B: But unfortunately that is true of any competitive activity, including studying. But I truly believe that sports can help children not only learn how to push themselves to win, but also how to accept failure gracefully. That's why we emphasize sports here.

スポーツの役割

解説

　日本では近年，子供たちの**体力不足**（lack of physical strength）が深刻な問題となっている。これを受けて，文部科学省や各地の教育委員会が対策に乗り出し，小中学校などでは**新学年度**（new school year）の初めに**体力テスト**（physical test）が実施される。子供たちの**瞬発力**（agility），忍耐力，持久力などが判断され，その後の**教育指針**（educational policy）に活用されている。都道府県別の**順位**（ranking）も発表されることから，自分の体力を平均と比較することも可能だ。

　体力向上のメリットは幾つかある。特に最近重視されているのは，**医療費の高騰**（escalation of medical costs）の抑制である。子供のころから**運動の習慣**（exercise habit）があり，**食育**（dietary education）を学んでいれば，高齢者になっても**健康的な生活**（healthy life）を送れる可能性が高い。**国家予算**（national budget）に限りがあることを考えれば，小さいときから**体力をつける**（build up *one's* physical strength）ことは必須である。また，運動習慣があれば，**働き盛り**（in the prime of *one's* life）の時期でも**心身共に**（both mentally and physically）健康的に過ごせるだろう。さらに，運動をすることで**集中力**（concentration）や**勝敗**（victory or defeat）の価値観などを学ぶこともできる。

　今後の課題としては，**適切な指導**（appropriate teaching）の導入が挙げられる。特に柔道などは**専門技術**（specialized skills）を持った指導者が携わることで，子供たちも安全かつ楽しく学ぶことができる。スポーツに関する正しい知識を与え，事故やけがのないように行うことが今後一層求められる。

語彙・フレーズ

〜を重視する　put emphasis on ...	大きな役割を果たす　play a great role
持久力　endurance	忍耐力　perseverance
ストレスを発散する　release stress	〜に秀でる　be talented at ...
集中力を養う　nurture concentration	主体的に行動する　act independently
集団行動を学ぶ　learn to act in a group	健康を保つ　stay fit

運動の習慣をつける　get into the habit of exercising

正しい知識を得る　gain correct knowledge

信頼関係を築く　build a trusting relationship

子供の肥満の増加　rise in childhood obesity

同年代の子供との健全な競争　healthy competition among peers

実生活に生かせるスキルを身に付ける　learn skills that translate to real life

学業成績に影響する　affect academic performance